唐朝人的日常生活

于赓哲 著

上海文化出版社
SHANGHAI CULTURE PUBLISHING HOUSE

果麦文化　出品

序
我们为什么要关心那些"琐碎的历史"？

    本书是笔者第二本有关隋唐日常生活史的科普向读物。为什么我们要关心这些琐碎的日常？以往以二十四史为主干的中国史学体系，无不以政治史以及制度史、经济史等为正朔，这也是中国数千年来官本位思维模式的"另类体现"，官本位思维的拥趸与反对者都是在同一个框架内叙述历史，即政治的历史、英雄的历史、帝王将相的历史。我们不否认政治史的重要性，但是必须要看到为整个社会提供推力的是基层民众，他们在史料中默默无闻，为他们发声，是现代史学工作者的责任之一。他们的所思所想、风俗习惯、生产经营才是左右历史发展的中长时段因素。"天听自我民听，天视自我民视"，政治史的那些风云人物其实也无非是在顺应、利用或者拂逆这种民意，而顺应、利用或者拂逆，则决定着政治史的走向。民众的欲望、诉求、行为，又有哪一样与他们的日常生活相分离呢？

本书希望能给读者提供隋唐人日常生活的全景画幅，可能零零碎碎，但正是这些零碎，才是生活的基本色调，时至今日不也是吗？

比如洛阳的城市生活，是笔者继《隋唐人的日常生活》（该书集中描述了唐代的都城长安）之后再一次描述唐代大城市的图景。"天下之中"的洛阳，在隋唐人的生活和理念中具有怎样的地位？它的布局、市井生活，是唐人生活图景不可分割的一部分。其实笔者还想再探讨唐代县一级城市的生活，但受限于史料和考古出土文物之稀少，只能留待以后了。

再比如唐代的郊野生活，那是唐代城市生活的重要组成部分，郊野对于唐人来说意味着什么？唐人自由洒脱的性格在郊野有怎样的发挥？

唐人如何互相称谓？"老爷""大人""小姐"这种古装影视剧常见的称谓，穿越到唐代能否使用？"爷爷""哥哥"这些称谓怎么来的？原始含义是什么？称谓，在极度重视家庭血缘和亲族关系的中国，恐怕是不可忽视的重要问题。

唐人的饮食结构为何与今人迥异？他们的肉食、酒类、茶饮，与今天有哪些巨大的差异？中国的饮食文化在中古时代是何种样貌？

"唐人无不善书"，为何唐代是魏晋以后又一个书法成就的高峰？唐代为何书法名家辈出？唐人的书法与生活有何错综复杂的关系？该章不是谈书法史，而是书法"外围"的社会因素的集中体现。

青楼文化是隋唐社会生活的重要组成，这一点不需要讳言。"十年一觉扬州梦，赢得青楼薄幸名"，青楼与文人、科举密切相关。而青楼女子，又是男性们的"理想女伴"，男权之下，女性的才华和抱负只能从别样的角度得以展现，而青楼就是其一。如今网上"妓不等于伎""青楼不是妓院"的说法盛行一时，问题是，这种说法对吗？

唐代开放包容的气度展现在他们对待外来文化的态度上，胡商、胡乐、胡物、胡姬、胡食，离开了这些，唐也就不再是唐，叙述这些，也必然成为本书的任务。

上层人物的日常生活也是本书所要照拂的内容，本书选择了描述武则天的日常生活，也许无法做到像日记那样事无巨细，但是却涉及武则天的容貌、爱好、书法、妆容以及她对文学和文字的影响。

总之，本书所要展现的，是无数散落的珍珠，它们串联在一起，就能形成一条美丽的项链，折射出隋唐时代的风华。

于赓哲

2021 年 6 月 23 日于长安光盐斋

目录

第一章 洛阳一日　　　　　　　　　　　　　· 001

003 · 古都洛阳　　005 · 荣耀东都

013 · 梅妃故事与红叶题诗　019 · 历史的选择

第二章 郊野生活　　　　　　　　　　　　　· 023

029 · 城市面目　033 · 游宴与游猎　048 · 经营别业

055 · 终南捷径　060 · 灞桥迎送　062 · 宗教生活

第三章 大唐新语　　　　　　　　　　　　　· 065

069 · 天子与粪土臣：皇家的称谓

074 · 呼官名不呼名：臣下的称谓

077 · 爷娘妻子：家人间的称呼

095 · 行业性称谓及其他

第四章 食在大唐　　　　　　　　　　　　　· 101

103 · 牛肉和猪肉的艰难选择　106 · 李白喝的是什么酒？

112 · 茶香一缕

第五章　大唐书法　　　· 129

131·隋末唐初：名家辈出　　134·初唐：《萧翼赚兰亭图》

138·盛唐和中唐：颜柳风采

142·普通唐人的书法　　145·敦煌书法：草书与写经生

149·唐代的纸张与笔

第六章　青楼逸事　　　· 153

157·卖艺不卖身？　　161·平康坊：长安知名风月场

165·都知和校书郎　　170·才女和奇女

第七章　外来文化　　　· 179

183·何为昆仑奴？　　188·胡商故事

194·胡音与胡乐　　198·幻法：早期的胡人魔术

200·胡医与胡药　　202·落地长安

第八章　武后宫廷　　　· 205

207·武则天到底有多美？　　217·养颜秘方

221·武后的餐桌　　224·书法家与文学家

237·造字狂人

第九章　翰林学士白居易的一天　　　· 241

第一章

洛阳一日

古都洛阳

　　在唐代，最重要的城市除了长安就是洛阳。洛阳历史之悠久，要从西周初期开始算起。武王伐纣后，曾计划在伊、洛二水一带夏人故居地建造新的都邑，但未及实现，武王病逝。周公时期，管、蔡、武庚叛乱被平定后，周建立雒邑，周公镇守，将殷的遗民迁至此地严加看管，而且雒邑地理位置适中，四方贡赋道里均等，故成为当时最重要的城市之一。

　　洛阳和长安一样，也是闻名遐迩的古都，交通四通八达，经济繁荣，文化昌盛。在唐人心目中，洛阳俨然就是天邑，储光羲《送恂上人还吴》道："洛城本天邑，洛水即天池。"

　　从类型上，长安是乱世的首都，洛阳是治世的首都，也是改革之都。孝文帝汉化改革要迁都洛阳，隋炀帝削弱关陇集团要营建洛阳并常驻于此，武则天革天命要迁都洛阳，洛阳成了中古的革新之地。这是洛阳特殊的地理位置决定的。

洛阳地势平坦，无险可守，因此不适宜建国称霸。但是，洛阳作为重要的交通枢纽（尤其与南方的交通），又吸引了强有力的王朝在它的四周建立政权，当这些王朝意欲改革的时候，就借用洛阳，拉开与旧势力的地理距离。

一般来说，旧势力的地盘都在政权的起源或发迹之地。在迁都洛阳一事上，很大一部分人会因为眷恋故土，而不愿意随行。即使选择随迁，这些旧势力的人脉关系网也会支离破碎，形成不了大的反抗势力。在这当中，从统治者的改革决策下达，到行政流程走完，需要漫长的过程。等到旧势力重新在新都集结整合，形成新的保守集团，则改革木已成舟。地理距离可以帮助当政者利用时间差完成改革，这是通信便捷的今人需要换个思维来理解的事情。

荣耀东都

隋唐洛阳号称东都，始建者是隋炀帝。他建立这样一座新城，也是为了改革。隋炀帝看到了关陇集团的局限性，想扩大统治基础，吸纳各方人才，势必要对关陇集团进行削弱。所以他一即位就连续有几个大动作：一是实行爵位和勋官改革，从政治地位上削弱关陇集团；二是兴建洛阳城，作为事实上的首都，试图从地理上拉开自己与关陇集团大本营长安的距离。所以他刚刚即位，还没改元的时候就下诏，要求兴建新的洛阳城。《隋书》卷三《炀帝纪上》仁寿四年（604 年）诏："然洛邑自古之都，王畿之内，天地之所合，阴阳之所和。控以三河，固以四塞，水陆通，贡赋等。故汉祖曰：'吾行天下多矣，唯见洛阳。'自古皇王，何尝不留意，所不都者盖有由焉。或以九州未一，或以困其府库，作洛之制所以未暇也。我有隋之始，便欲创兹怀、洛，日复一日，越暨于今。念兹在兹，兴言感哽！"在这里，隋炀帝道出了洛阳的优点，就是交通四通八达，自古以来为历代王朝所青睐。而且，在诏书中，他声称在自己父亲那一辈就已经有迁都的念头了。其实还有一个很重要的原因他没有谈到，那就是迁都洛阳，可以更方便获得南方和河北的粮食供应，他兴建大运河的目的就在于此。

魏晋南北朝以来经济重心向南方逐步转移，但政治重心必须保持在北方，而关中等地因为人口繁衍和非农人口比重增加等因素，已不堪重负，大运河就成了当时连接经济重心和政治重心的纽带。尤其是安史之乱之后，唐王朝财富来源是东南地区，大运河保障唐王朝延续了一百余年。到了南宋，中国经济重心彻底南移。元代虽然政治中心转移到大都，但是运河的战略意义依旧被重视，所以才有了京杭大运河，运河路线可以变，但战略意义是一样的。

隋炀帝的洛阳城不是在原来汉魏洛阳城基础上改造的，而是在汉魏洛阳城以西，伊阙之北建立了一座全新的城市，依旧叫作洛阳。设计者不是别人，正是隋文帝时期设计了长安城的著名建筑大师宇文恺。

根据 1959 年的勘查，洛阳外郭城东墙长 7312 米，南墙长

7290 米，北墙长 6138 米，西墙长 6776 米。总的来说，外郭城以洛水为界，南宽北窄，与《唐六典》所云"郛郭南广北狭"相吻合。外郭城西面无门，其余三面共八门。宫城设置在西北方向（这一点与长安不一样，可能是因为地形的限制），宫城的中轴线南对伊阙，北对北邙。《隋书·地理志》《元河南志》《唐两京城坊考》均记载唐洛阳城"一百三坊三市"。按照《元河南志》记载，洛南八十一坊二市，洛北二十八坊一市。三市指的是北市、西市、南市。其中南市面积最大，也最繁华，有一百二十余行、三千多家店。

自隋大业元年兴建洛阳，隋唐两代均以洛阳为东都，皇帝在这里居住的时间累计将近五十年。唐代洛阳城比起隋代变化不大。（见图 1-1）

《隋书》记载，为了让洛阳看起来人口众多，富庶繁华，隋炀帝还曾经下令"徙天下富商大贾数万家于东京"。这种事在历史上屡见不鲜，比如北魏迁都洛阳、朱温逼唐昭宗迁都洛阳、朱元璋充实凤阳都干过类似的事，但规模和频次还是秦汉时更高，西汉帝陵常迁徙天下富户过来，"五陵少年""五陵豪杰"等词就是这么来的。富户本来就多，再加上有大运河之利，所以洛阳财富甲天下，卢照邻《结客少年场行》就写道："长安重游侠，洛阳富才雄。"

·图 1-1 唐东都洛阳图，参考刘敦桢《中国古代建筑史》绘除了隋炀帝，第二个对洛阳产生巨大影响的人物就是武则天。她青睐洛阳的原因与隋炀帝类似：一则是要"革天命"，改朝换代，想远离唐朝的政治中心长安；二则是借助大运河之利。而且武则天是"视觉达人"，不仅易国号、改官制，更想要从视觉上创造"地上天国"。她试图完成隋炀帝没有完成的工作，为洛阳创造一条贯穿南北的主轴，在这条线上排列着一系列巨型建筑。包括天枢、天堂、明堂等，这里蕴含的风水、天象、礼制信息很丰富。（见图 1-2）

洛阳和长安一样实行坊市制，街道笔直，坊市整齐。敦煌文书 P.2507 号《水部式》中记载了洛阳街道的卫生责任问题："洛水中桥、天津桥等，每令桥南北捉街卫士洒扫，所有穿穴，随即陪填。"所谓"捉"，在唐代有守备、掌管、领有之意，捉街卫士估计与左右金吾卫士类似。

2006 年，在隋唐洛阳城定鼎门遗址公园城墙门道正南五十余米处的一个晚唐时期坑道内，发现密集的车辙、人脚印、动物足迹，依稀可见当年洛阳商旅毕至、车水马龙的盛景。定鼎门是洛阳城南最大的城门，多次遭遇水害，所发现的车辙、人脚印、马蹄印、骆驼脚印都较深，估计是某次洪水退去后在淤泥上留下的。人脚印里还有赤足的。人在赤足徒步时脚趾分得很开，其实常年打赤脚的人脚趾就是比穿鞋的人分得

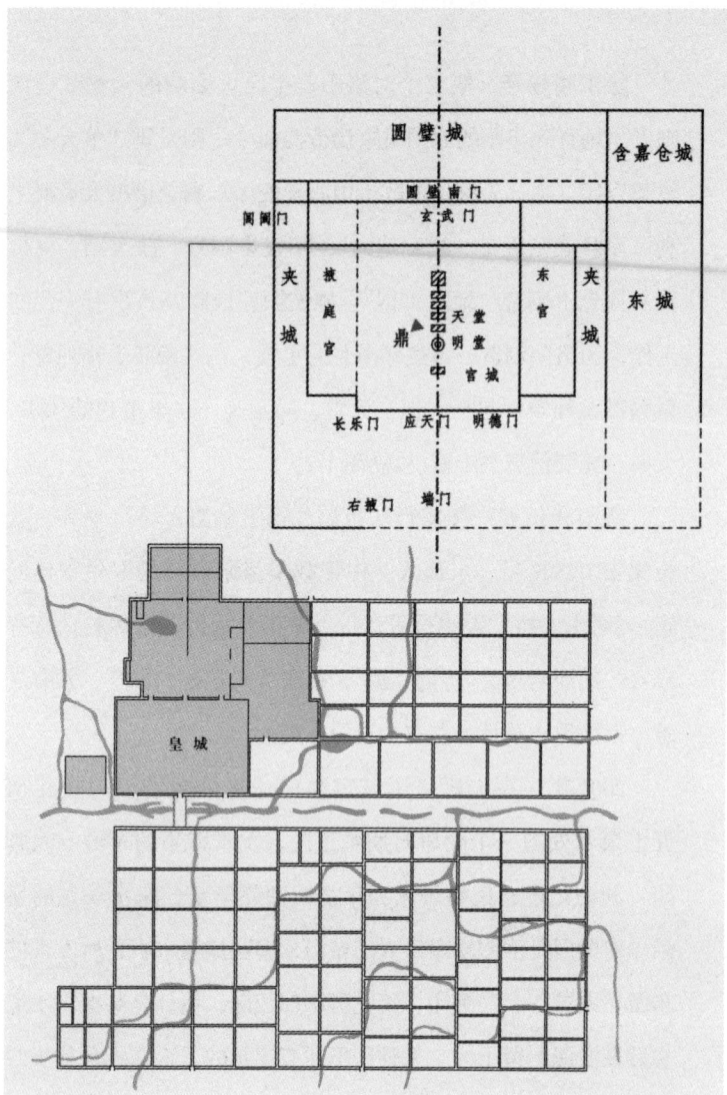

·图1-2 洛阳城图，平面图据傅熹年《中国古代建筑史》，局部图据杨鸿勋
《自我作古　用适于事——武则天标新立异的洛阳明堂》，原载《华夏考古》
2001年第2期

更开，只是现代人没怎么见过罢了。

总是看到人说中国最早的"靠右行"规则是唐代马周规定的，这出自《隋唐嘉话》的记录："城门入由左，出由右，皆（马）周法也。"然陆机《洛阳记》早有记载："洛阳十二门……凡人行左右道，左入右出，不得相逢。"可以看出这个规定起自晋之洛阳，不是唐之长安。而且这两个规定都特指出入城门。

隋炀帝开凿大运河之后，能方便地接收来自南方的粮食，所以隋唐皇帝多次长住洛阳，尤其是隋炀帝和武则天，更是把洛阳看得比长安还重要，唐玄宗也曾五次驾临洛阳。

然而，唐玄宗对于长住洛阳以解决缺粮问题的现状是不满意的，所以多次想要改变。先是开元十八年（730年），大臣裴耀卿建议改革漕运，采用节级运输法，不让一条船跑到黑，让船只只行驶在船工熟悉的河段上，辗转运输，同时在天险三门峡处改为陆路转运。这样一来，大大提高了粮食运输量。其后，李林甫掌权，和牛仙客主持"和籴"。所谓"和籴"，就是官出钱，民出谷，官方向民间购买余粮。此时的"和籴"虽是带有强制性质的，成了租庸调制之外老百姓的额外负担，但是对于政府来说可以短期内积聚大量粮食。所以长安地区粮食短缺状况得以缓解。根据《资治通鉴》天宝三载所记，"和籴"实施后，"数年，蓄积稍丰。上从容谓高力士曰：'朕不出长安近十年，天下无事。'"而胡三省的《资治通鉴音注》说："开元二十四年，上自东都还，自是不复东幸。"也就是说，开元二十四年（736年）以后，唐玄宗就再也没去过洛阳。

自打开元后期唐玄宗再也不去洛阳之后，洛阳政治地位便开始下降。尤其是安史之乱后到唐昭宗以前，极少有记载皇帝到过洛阳，洛阳的人口也随之减少，这在大量唐诗中有反映。白居易《和敏中洛下即事》即写道："水暖鱼多似南国，人稀尘少胜西京。洛中佳境应无限，若欲谙知问老兄。"又《菩提寺上方晚望香山寺寄舒员外》："西京闹于市，东洛闲如社。曾忆旧游无，香山明月夜。"元稹诗《送刘太白》亦道："洛阳大底居人少，从善坊西最寂寥。"

梅妃故事与红叶题诗

　　说到唐玄宗不去洛阳，就得提到一个名人，梅妃。从宋代开始，有了一个说法，那就是唐玄宗还有个宠妃梅妃，梅妃与杨贵妃之间有着明争暗斗。这个梅妃，很多人相信确有其人，甚至于日本作家井上靖写的历史小说《杨贵妃传》里面也有关于梅妃的描述。传说梅妃原名江采苹，福建莆田人，父亲是医人，她自幼聪颖，很小就能背诵《诗经》，善于吟诗作赋，琴棋书画无所不通。后来高力士出使闽、粤，见到了江采苹，惊为天人，于是将其献给唐玄宗。江采苹一时间宠冠后宫，因为她喜爱梅，气质也像梅花一样高冷，所以唐玄宗戏称其为"梅妃"。但是杨贵妃入宫后，梅妃便失宠，后来还被杨贵妃设法贬入洛阳上阳宫。据说，梅妃居上阳宫时，唐玄宗曾经回心转意，却被杨贵妃发现，百般阻挠他们相见。最后梅妃再度失宠，她痛不欲生，大骂杨贵妃。杨贵妃甚至还撺掇唐玄宗将其处死。但是唐玄宗对梅妃感到内疚，还曾秘密赐给梅妃一斛珍珠。梅妃含泪写了一首诗酬答，唐玄宗命人谱成曲，曲名《一斛珠》。一直到安史之乱时，唐玄宗逃跑没有带上梅妃，梅妃就此下落不明。后来据说她还曾托梦给唐玄宗，说自己死于乱兵之手，云云。唐玄宗后来派人在梅树下找到了她的尸骸，以礼改葬。故事很生动，和天宝年间的局势配合得也紧密，但是梅妃确有其人吗？

首先，梅妃不见于任何唐史记载。白居易甚至连唐玄宗时期洛阳上阳宫的宫女都能采访到，却没有提到梅妃。白居易不提，陈鸿写《长恨传》也不提。这只能说明起码他们那个年代还没有梅妃的传说。

其次，梅妃故事来自南宋成书的《梅妃传》，其中记载了梅妃的事迹，原题名唐代曹邺所著。曹邺确有其人，但是否写过《梅妃传》值得怀疑。《唐才子传》卷七："邺，字邺之，桂林人。累举不第，为《四怨三愁五情》诗，雅道甚古。时为舍人韦悫所知，力荐于礼部侍郎裴休。大中四年张温琪榜中第。看榜日，上主司诗云：'一辞桂岩猿，九泣都门月。年年孟春至，看花如看雪。'《杏园宴间呈同年》云：'岐路不在天，十年行不至。一旦公道开，青云在平地。'又云：'匆匆出九衢，童仆颜色异。故衣未及换，尚有去年泪。'又云：'永持共济心，莫起胡越意。'佳句类此甚多，志特勤苦。仕至洋州刺史。有集一卷，今传。"《新唐书·艺文志》载有"《曹邺诗》三卷，字邺之，大中进士第，洋州刺史"。《宋史·艺文志》记载有"曹邺《古风诗》二卷"，均没有提到曹邺著有《梅妃传》。

自古以来，为了取信于人，古籍时有假托作者，《梅妃传》自注作者为曹邺，不足为凭。鲁迅《唐宋传奇集·稗边小缀》认为该书是南北宋之交的伪作；李剑国《唐五代志怪传奇叙录》认为唐曹邺说可信；程毅中《宋元小说研究》、章培恒《〈大业拾遗记〉〈梅妃传〉等五篇传奇的写作时代》则对李说多有反驳，支持鲁迅看法。程毅中认为是北宋作品，程杰《关于梅妃与〈梅妃传〉》认为是南宋绍兴十三年至十八年（1143—1148年）五、六月间的作品。总之，学术界多数认为《梅妃传》及其作者都是虚构。

除上述，《梅妃传》中唐玄宗与梅妃在洛阳上阳宫幽会的记载也与历史不符。《梅妃传》里说梅妃遭到杨贵妃嫉妒，被打入洛阳上阳宫。后来唐玄宗思念梅妃，还曾经悄悄把梅妃召到翠华西阁幽会。后被杨贵妃发现，梅妃步行返回上阳宫。可是问题在于，开元二十四年以后唐玄宗就宣布不再去洛阳，那么所谓开元二十八年以后唐玄宗还在洛阳密会梅妃,自然就是子虚乌有。

说起洛阳宫殿,徐凝有《上阳红叶》诗写道:"洛下三分红叶秋,二分翻作上阳愁。千声万片御沟上,一片出宫何处流。"这里涉及一个上阳宫的故事。这个故事见于《本事诗》:诗人顾况在洛阳,与三位诗友在上阳宫外水边游玩,发现一张大梧桐叶,上面题了一首诗:"一入深宫里,年年不见春。聊题一片叶,寄与有情人。"顾况看明白了,这是怀春诗,应该是宫内宫女所写,所以第二天他来到上游,也在一片叶子上题诗,扔进水里,诗曰:"花落深宫莺亦悲,上阳宫女断肠时。帝城不禁东流水,叶上题诗欲寄谁?"又过了十余日,有人于苑中寻春,又在一片叶子上发现了一首诗,赶紧拿给顾况看。诗曰:"一叶题诗出禁城,谁人酬和独含情?自嗟不及波中叶,荡漾乘春取次行。"这俨然就是一则爱情故事,有情人是否终成眷属,《本事诗》没有答案。这个故事很唯美,但是真实性如何?(见图 1-3)

顾况确有其人,为唐肃宗时期的进士,还曾经提携指导过年轻的白居易。《全唐诗》收了他的《叶上题诗从苑中流出》。另外他还写有《宫词》,也是描绘深宫宫女的哀怨。《旧唐书》、《唐诗纪事》和《唐才子传·顾况》中都有他的传记,

· 图1-3 明·唐寅款《红叶题诗仕女图》

但并无红叶题诗传情这段故事，可见这是民间传闻罢了。在《古今诗话》里还有个类似的故事："卢渥舍人应举京师，偶临御沟，见一红叶，上有一绝云：'流水何太急，深宫尽日闲。殷勤谢红叶，好去到人间。'卢得之，藏于巾箧。及宣宗有旨许宫人从人，卢所获人，因睹红叶而吁怨久之，曰：'当时偶题，不谓君得之。'"主角变成了卢渥，地点变成了长安，时间变成了唐宣宗时期。这大约就是那时候一种段子故事的模板。

历史的选择

　　洛阳景色很美，龙门石窟、香山都是著名景点，徐凝《和秋游洛阳》即是对此的咏叹："洛阳自古多才子，唯爱春风烂漫游。今到白家诗句出，无人不咏洛阳秋。"

　　白居易晚年最爱洛阳，现在洛阳还有白居易故居与白居易墓。白居易故居位于唐代洛阳城东南履道坊西门内西北隅，今狮子桥村东北约 150 米处，为白居易五十三岁时购买的散骑常侍杨凭宅，白居易曾在这里度过晚年。白居易宅靠近裴度宅，并隔伊水渠与履信坊内其友元稹的宅邸为邻。1992 至 1993 年，中国社会科学院考古研究所洛阳唐城队对白居易故居进行了考古发掘，历时 140 天，总发掘面积 7249 平方米。发掘出的主要遗迹有坊间道路、水渠、房屋居址、园林中的瓦渣小路等，同时还有大批的唐宋遗物。临坊的西侧有并行的水渠两条，发掘长度 128 米，各宽 10 米左右，距现代地面约 3 米，同时还发现了白居易制作的经幢，经幢上抄有《佛顶尊胜陀罗尼经》及《大悲心陀罗尼经》。

白居易的墓也在洛阳，就在龙门石窟对面的香山一带。（见图 1-4）

·图 1-4 明·周臣《香山九老图》

然而北宋以后，洛阳的地位就日渐下降，原因有三：

第一，政治中心东移，汴梁开封开始崛起。

开封在唐代地位还不显著，但是到了五代时期日渐重要，朱温的大本营就在这里，后来北宋也将首都定在了这里。就当时中原地区而言，还是容纳不了两个同样繁华的大城市。所以随着政治中心向开封东移，作为西京的洛阳就慢慢衰落了。

第二，中国经济重心的南移。

中国经济重心的南移从南朝就已经开始，一直到南宋才宣告结束，在这个过程的早期阶段，因为隋炀帝开凿大运河沟通南北，而洛阳作为大运河之中枢，曾经是受益者——长安由于三门峡砥柱之险，所以漕运比较困难。洛阳仰仗着大运河一时之间风头无两，隋炀帝、武则天都非常喜欢洛阳——但是经济重心的南移会带来政治和文化重心的南移，虽然明清时期的首都是北京，但是将北京定为首都，是因为它的战略地位，并不是因为经济。可以说，洛阳的衰落与整个北方的衰落是同步的。

第三，是由于大运河的改道。

元朝废弃了隋唐大运河，改为京杭大运河，而京杭大运河裁弯取直，不再经过洛阳。（见图1-5）在古代，只要一个城市不再是交通要道，那么它的衰落就是必然的。这个举动，也

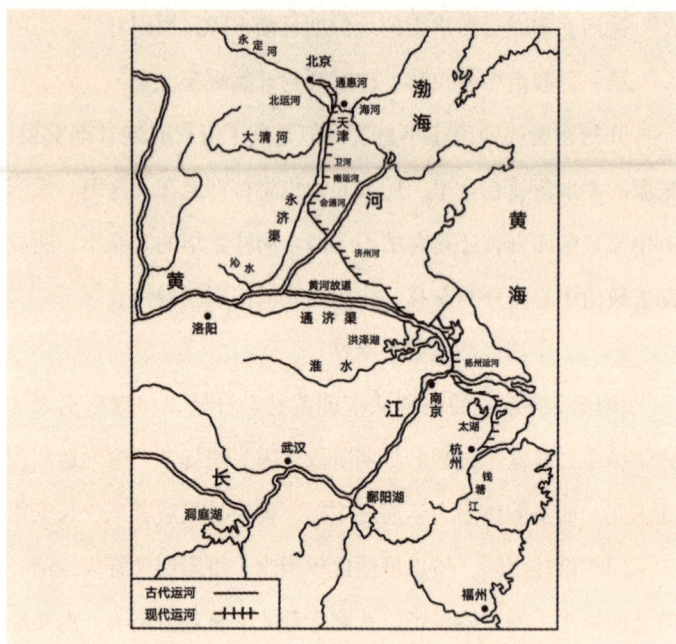

· 图1-5 元代时的大运河路线图，据中华书局陈璧显编《中国大运河史》绘

反映了在元朝统治者的心目当中最重要的地方，就是大都和江南，中原地区几乎是一个被忽视、被遗忘的角落。

第二章

郊野生活

所谓郊野，指的是城市周边地带。所谓"郊野生活"，指的是城市人在郊外的活动轨迹。隋唐时期虽然农业人口占据了人口的大多数，但由于掌握史料话语权的知识分子主要生活在城市，所以相对于城市而言，郊野只是他们抒发闲情逸致、寄托野趣的地方。那些平时生活在乡野的村民们，则是"沉默的大多数"，成了士大夫们生活的"背景板"。

　　长安所在的关中平原，气候温暖，物产丰富，在《史记》中被称为"天府之国"。自古以来人口众多、文化发达，是中国古代文明发祥地之一。长安地处关中平原中部，北靠渭水，南依终南山，总体

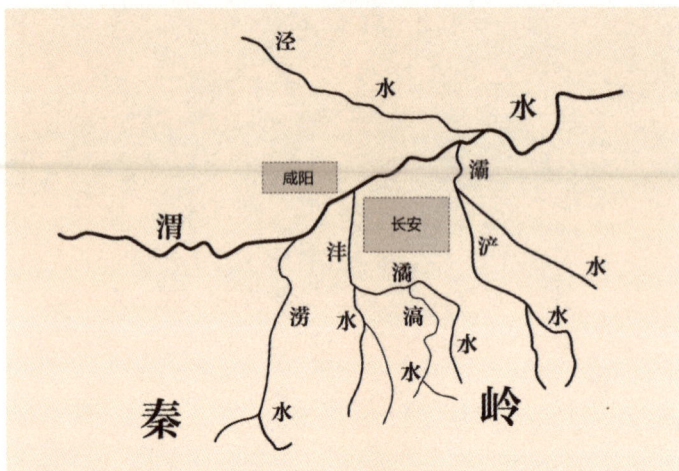

· 图 2–1 "八水绕长安"示意图，据史念海主编《西安历史地图集》绘

来说地势较为平坦，但东部比西部稍偏高。水资源
丰富，当时号称"八水绕长安"。（见图 2-1）

　　司马相如《上林赋》中说："荡荡乎八川分流，
相背异态。"说的就是这个景象。

　　唐京兆府一共下辖 23 个县。首先，我们要介
绍唐代县以下的管理制度。县以下设乡和里，《通
典》卷三《食货三·乡党》引大唐令："诸户以百
户为里，五里为乡，四家为邻，五家为保。每里置
正一人（原注：若山谷阻险，地远人稀之处，听随

便量置），掌按比户口，课植农桑，检察非违，催驱赋役。在邑居者为坊，别置正一人，掌坊门管钥，督察奸非，并免其课役。在田野者为村，别置村正一人。其村满百家，增置一人，掌同坊正。其村居如满十家者，隶入大村，不需别置村正。"可见在唐代，百户为一里，每五里为一乡；里设一里正，村设村正。天宝时期，国力鼎盛，《旧唐书·玄宗纪》记载："天下郡府三百六十二，县一千五百二十八，乡一万六千八百二十九。户部进计帐，今年管户八百五十二万五千七百六十三，口四千八百九十万九千八百。"

张国刚《唐代乡村基层组织及其演变》指出："唐代在县政权以下乡村基层社会设置有两类组织，一个是乡、里，一个是村、坊。前者是准基层政权；后者属于居民社区自治组织。在唐代乡、里机构中，并没有'乡'长官，里正是乡的实际负责人，'里'的作用因而被虚化。里正主持'乡'务的制度化，是中唐以后唐代乡村基层组织发生变化的重要推手。这种变化的基本方向就是'县—乡—里'结构让位于'县—乡—村'结构。具体表现为整齐划一的'里'

的功能在逐渐退缩，而自然居民点'村'的功能在扩张和强化。发生这种变化的社会背景是随着户口的增长，乡和村的人口都在扩张，村与里的法定户数之间的差别愈益缩小，村取代里的可能性在提高，村的独立性增强，于是，唐前期的'乡—里'结构向后期的'乡—村'结构转变。不管是涉及赋役和户籍问题，还是涉及居民生活秩序的内容，管理层大多数情况直面乡村或村乡。"也就是说随着人口的增长，村和里的界限逐渐模糊。

城市面目

　　隋代初建的长安城是一个比较规整的长方形，沿中轴线是严格的左右对称结构，棋盘状的布局。据现代考古的数据显示，其东西长 9721 米，南北宽 8651.7 米。周长约是 36 公里，总面积是 84.1 平方公里，是明代西安城区的六倍大。皇帝所居住的宫城，位于整个城市的最北端。宫城以南是皇城，皇城是政府机构集中的地方。整个外郭城有 9 座城门、14 条东西大街、11 条南北大街，坊数有 110、109 个不等。而且还有都会市（唐代称东市）和利人市（唐代称西市）两个巨型的市场。

　　唐代的城门有专门的管理者，定时开闭，而且还有"入左出右"的规定，这是唐太宗时期宰相马周规定的。

到了唐代，长安有一些新的变化，兴建了大明宫、兴庆宫等，但总的布局依旧沿用了隋代长安。（见图 2-2）

长安城内，朱雀大街以东归属大兴县（唐代改名万年县），朱雀大街以西归属长安县。长安城外，西至沣水一带归属长安县，下辖 48 个乡，东至蓝田西界归属万年县，下辖 53 个乡。南部以终南山为界，北部则以渭水为界。（见图 2-3）

长安北部由于是禁苑所在，一般情况下百姓不得随意进入，所以在郊野生活的历史记录中，北郊基本上是个空白。

唐人的郊野生活可以概括为如下几个方面：游玩、经营别业、狩猎、宗教生活、送别、隐居。

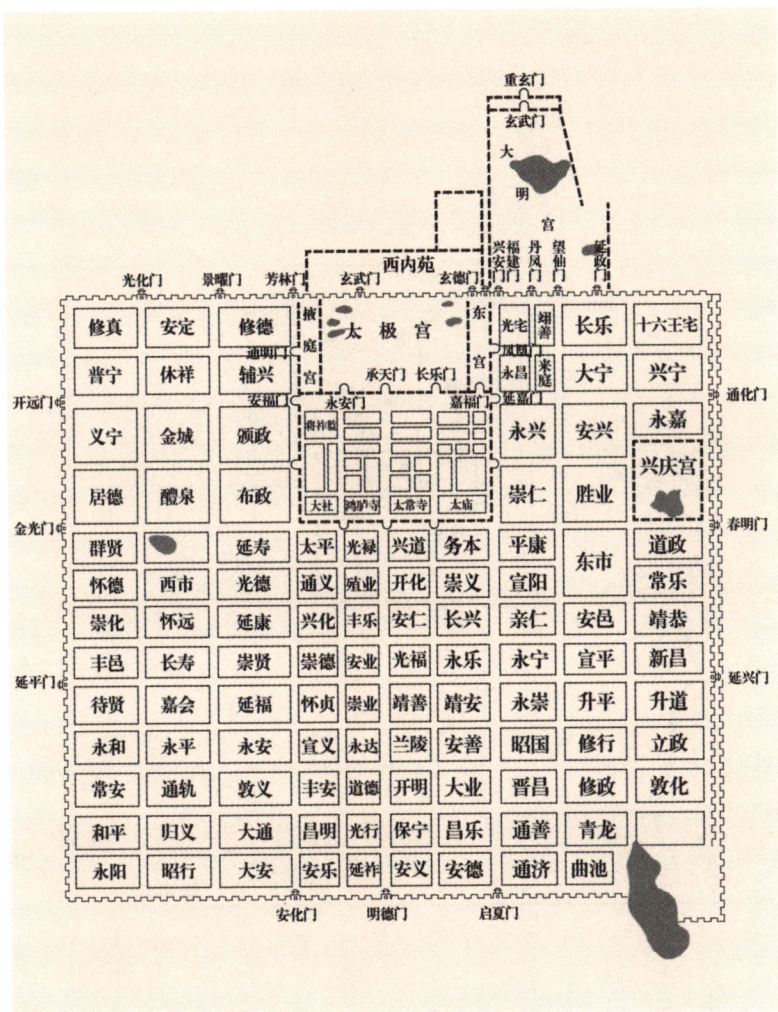

· 图 2-2 唐都长安城，参考刘敦桢《中国古代建筑史》绘

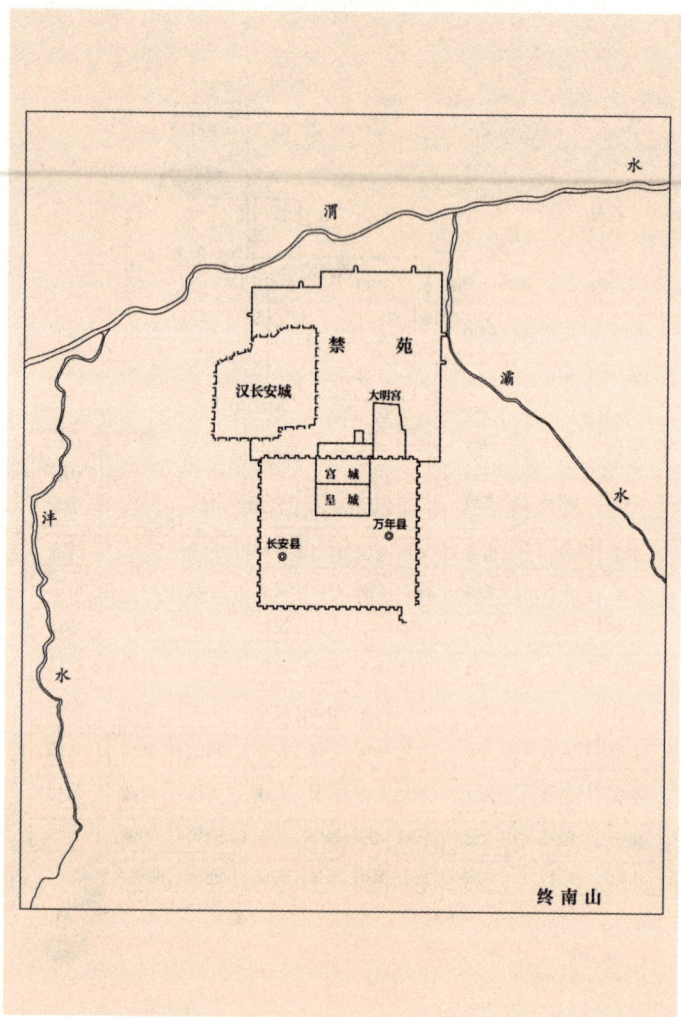

· 图 2-3 唐长安县、万年县乡里分布图，据史念海主编《西安历史地图集》绘

游宴与游猎

　　唐人比较热衷于郊游。每到开春，郊外游宴就是长安人重要的生活，《开元天宝遗事》载："都人士女，每至正月半后，各乘车跨马，供帐于园圃，或郊野中，为探春之宴。"

　　很多节庆活动都有郊外游宴的内容，例如社日又分春社、秋社，汉代以来在立春、立秋之后第五个戊日举行的祭祀，这是村民的节日。在这一天，村民要举行祭祀，春社祭祀祈求的是风调雨顺，秋社则是感谢神明，欢庆丰收。祭祀仪式结束以后，村民们要举行宴会，要喝酒，还要分食祭祀仪式上使用的祭肉。而很多爱凑热闹、喜欢田园野趣的城内人也经常去旁观或者参与，唐代张演《社日村居》一诗即描述了春社日的活动：

鹅湖山下稻粱肥，豚栅鸡栖对掩扉。

桑柘影斜春社散，家家扶得醉人归。

除了社日，民间其他节庆活动也有很多。

清明节

清明节跟寒食节离得非常近，连续几天，大家都在郊外踏青、游春、扫墓，同时还伴随着丰富多彩的娱乐活动，比如荡秋千、斗鸡、斗草、放风筝、蹴鞠等等。

斗草。斗草一般是妇人间流行的游戏，源自南方荆楚地区。游戏双方各拿一根草牵拉比斗，断者为输。后来这个游戏传到了北方。唐五代时期，妇女儿童皆好斗草，原因是这种游戏轻松愉快，且原材料随手可得。围绕斗草，也有人赌博。著名诗人谢灵运在南朝宋代被杀的时候，曾经把自己的胡子施舍给一个佛寺，用作维摩诘像上的胡须。寺里对他的胡须非常珍重。但是唐中宗时期，安乐公主斗草的时候出老千，在草叶上粘贴胡须，她下令将谢灵运胡须取来，专门用作斗草，剩余胡须全部毁掉。

荡秋千。秋千原本是北方少数民族山戎的游戏。春秋时期，齐桓公伐山戎，把这个游戏带回了中原，从此以后开始流行起来。到了唐代，成了妇女儿童都很喜爱的一种游戏，尤其是民间非常盛行。踏青的时候，大家都喜欢在郊外玩秋千，有荡秋千技艺高超的人可以荡"百尺之高"。而且有的秋千做得很华美，用精美的丝线编成。唐诗当中也有很多描述秋千的诗篇。

上巳节

上巳节是上古时期被禊风俗的遗存，乃因古人为了洗濯去垢、驱除邪祟，到水边进行祭祀和沐浴，时间是每年的三月三日。隋唐时期的上巳节跟上古一样，也是到水边去举行，长安就在曲江池边，洛阳就在洛水、伊水边举办活动。

这天经常有一个有趣的现象，由于百姓几乎倾城出动，所以多年不见的人往往会在这一天遇上，由此上巳节发展成了一个重要的社交日，唐代刘驾的《上巳日》即写道：

上巳曲江滨，喧于市朝路。
相寻不见者，此地皆相遇。
……

多年不见的人，很有可能在这个地方相遇。而且曲江池岸边风景秀丽，热闹非凡，除了百姓，达官贵人也可能随时来此。杜甫有首名诗叫《丽人行》，描写的就是上巳日在曲江边见到杨氏兄妹的情景：

三月三日天气新，长安水边多丽人。

态浓意远淑且真，肌理细腻骨肉匀。

……

端午节

唐代端午时民间吃粽子、门上挂艾草，同时还有赛龙舟，这自然要在郊外进行。

重阳节

重阳节也非常重要，这是每年九月九日举行的重大节日，朝堂放假，举行宴会，会上官员们还要赛诗为乐。民众在这一天要举办登高的活动，要饮酒、要赋诗、要赏菊。从晋代开始，出现了一个风俗，就是登高的时候人们要把茱萸插在发髻上，据说是可以避邪气、预防冬季的寒气。有一首诗非常有名，王维的《九月九日忆山东兄弟》：

独在异乡为异客，每逢佳节倍思亲。

遥知兄弟登高处，遍插茱萸少一人。

　　有的节日，本来是在城内进行的，比如正月十五观灯，这一天城内不实行宵禁，大家可以彻夜观灯，到处游玩。而有的人也把活动办到了郊外，比如杨贵妃的姐姐韩国夫人，做了一百枝灯树，高八十尺，竖在高山上，正月十五日晚上点燃，百里皆见光明，据说可以掩盖住月光。

　　当然，郊游过程中宴会是必不可少的，大家会聚一处，带着酒，带着美食，带着必要的餐具和桌椅，和今天的野餐异曲同工。从西安南里王村出土的唐墓壁画所描绘的宴会场景中，我们可以看到一群人坐在野地里吃饭，桌上有各种美食，甚至有唐人所说的酥山（桌子中间盘内高耸的食物）。推测做法是把奶酥加热，滴成山的形状，加上各种香料，甚至装饰上花草，然后放到凌阴（也就是地下冰窖）里冷冻，最后就形成一种冷品酥山。还有人推测是碎冰末浇上奶酥，有点类似刨冰。（见图 2-4）

　　唐人走到哪里都喜欢写诗，郊野生活中自然不可少此项目。很多脍炙人口的名篇就写于游玩过程中，例如著名的诗句"人面桃花相映红"，就是一次野外郊游的产物。《本事诗》

· 图 2-4 西安南里王村出土的唐墓壁画

曰：“博陵崔护，姿质甚美，而孤洁寡合。举进士下第。清明
日，独游都城南，得居人庄。一亩之宫，而花木丛萃，寂若无
人。扣门久之，有女子自门隙窥之，问曰：‘谁耶？’以姓字
对，曰：‘寻春独行，酒渴求饮。’女入，以杯水至，开门设床
命坐，独倚小桃斜柯伫立，而意属殊厚，妖姿媚态，绰有余
妍。崔以言挑之，不对，目注者久之。崔辞去，送至门，如不
胜情而入。崔亦眷盼而归，嗣后绝不复至。及来岁清明日，忽
思之，情不可抑，径往寻之。门墙如故，而已锁扃之。因题诗
于左扉曰：‘去年今日此门中，人面桃花相映红。人面只今何

处去（《全唐诗》卷三百六十八作'人面不知何处在'），桃花依旧笑春风。'后数日，偶至都城南，复往寻之，闻其中有哭声，扣门问之，有老父出曰：'君非崔护邪？'曰：'是也。'又哭曰：'君杀吾女。'护惊起，莫知所答。老父曰：'吾女笄年知书，未适人，自去年以来，常恍惚若有所失。比日与之出，及归，见左扉有字，读之，入门而病，遂绝食数日而死。吾老矣，此女所以不嫁者，将求君子以托吾身，今不幸而殒，得非君杀之耶？'又特大哭。崔亦感恸，请入哭之。尚俨然在床。崔举其首，枕其股，哭而祝曰：'某在斯，某在斯。'须臾开目，半日复活矣。父大喜，遂以女归之。"这个带有传奇色彩的爱情故事就发生在长安城南郊。

再例如白居易所写《长恨歌》。《长恨传》和《长恨歌》是同一天写的，陈鸿和白居易两个人是好朋友，两人有天在周至仙游寺游览的时候，发思古之幽情，于是一个写《传》，一个写《歌》，都以唐玄宗和杨贵妃的故事为素材，当然了，事实证明《长恨歌》写得更好，可谓千古名篇，而《长恨传》的名气就比它小一点儿。

有关郊游诗句，还有个著名的故事：上官婉儿彩楼评诗。唐中宗带着群臣、妃嫔前往昆明池游玩。春意初萌，景色清新秀丽，皇上命令群臣赋诗，共得一百余首。然后，皇上令上官婉儿品评这些诗作，选出一篇来配乐做成御制曲。这是上官婉儿一生最风光的一幕。

只见上官婉儿登上池边彩楼，群臣会聚楼下，仰头观望。上官婉儿一篇篇看过，哪篇不满意就随手丢下楼来，一时之间一张张白纸如同雪片一般飘下。最后只剩下两个人的作品还捏在婉儿手里，就是沈佺期和宋之问的作品。这两位都是天下公认的大才子，才华可谓不相上下。沈佺期，字云卿，此人曾高中进士，武则天时期出任通事舍人，唐中宗时期很受器重，拜起居郎，修文馆直学士，中书舍人。宋之问，字延清，也是进士出身，兄弟三人都很有学问。此人也很受武则天和唐中宗的器重。

这一番他们的诗作在上官婉儿手里留到了最后。我们来看看沈、宋二人都写了些什么：

奉和晦日幸昆明池应制

　　沈佺期

法驾乘春转，神池象汉回。

双星移旧石，孤月隐残灰。

战鹢逢时去，恩鱼望幸来。

山花缇骑绕，堤柳幔城开。

思逸横汾唱，欢留宴镐杯。

微臣雕朽质，羞睹豫章材。

奉和晦日幸昆明池应制

宋之问

春豫灵池会，沧波帐殿开。

舟凌石鲸度，槎拂斗牛回。

节晦蓂全落，春迟柳暗催。

象溟看浴景，烧劫辨沉灰。

镐饮周文乐，汾歌汉武才。

不愁明月尽，自有夜珠来。

　　最后上官婉儿终于做出了决断——冠军是宋之问。上官婉儿解释：这两首诗功力相当，但是胜负关键出现在最后两句，沈诗最后两句是："微臣雕朽质，羞睹豫章材。"上官婉儿评价说这是"词气已竭"（《唐诗纪事》）。你已经谦让说：我是朽木不可雕，看到其他人才很羞愧（豫、章均是樟木名称，引申为人才之意）。而宋诗最后两句是："不愁明月尽，自有夜珠来。"明月隐去不用愁，这里还有夜明珠，大有一种江山代有才人出的豪气，上官婉儿评价说"犹陟健举"（《唐诗纪事》）。

原来上官婉儿看重的是气场，沈佺期的气场在最后两句呈现了颓势，而宋之问的最后两句则气势上扬，所以胜出。

唐代有温泉的地方人们也喜欢去，不仅泡澡舒适，而且洗温泉可以去病。

这里最著名的当然是骊山温泉。骊山自西周时期开始就被王室看中，建有离宫别馆，秦始皇也曾利用此地。北朝时期这里曾经一度是平民的乐园，北魏元苌著有《温泉颂》，碑存唐华清宫御汤遗址博物馆。元苌曾担任雍州刺史，视察长安附近的骊山时发现，此地秦汉温泉建筑虽已衰废，却是一个很大的平民疗养中心。无数的老百姓希冀在这里以温泉水洗澡疗疾，但苦于没有建筑庇身。于是元苌动用人力物力修建建筑若干。他说："盖温泉者，乃自然之经方，天地之元医，出于河渭之南，泄于丽山之下。……左汤谷，右蒙汜，南九江，北翰海，千城万国之氓，怀疾枕痾之口，莫不宿粮而来宾，疗苦于斯水。但上无尺栋，下无环堵，悠悠君子，我将安泊。……乃翦山开郭，因林构宇，邃馆来风，清檐驻月，望想烟霞，迟羽衣之或顾，愿言多士，恕因兹以荡秽。"

《南部新书》也说道："海内温汤甚众，有新丰骊山汤、蓝田石门汤、岐州凤泉汤、同州北山汤、河南陆浑汤、汝州广城汤、兖州乾封汤、邢州沙河汤。此等诸汤，皆知名之汤也，并能愈疾。"此条最早见于《封氏闻见记》，但有轶文。这里提到的长安附近的温泉除了御用的骊山温泉还有蓝田石门汤、岐州凤泉汤、同州北山汤，后三者都是平民可以利用的温泉。

长安城外还有一处风景名胜，即昆明池，原本是汉武帝时期开凿的巨型人工湖。《汉书·武帝纪》："（元狩三年春）发谪吏穿昆明池。"颜师古注引臣瓒曰："《西南夷传》有越巂、昆明国，有滇池，方三百里。汉使求身毒国，而为昆明所闭。今欲伐之，故作昆明池象之，以习水战，在长安西南，周回四十里。"即汉武帝为了锻炼水军而修建的。唐代继续沿用，并且有三次改扩建。2005 年 4 至 9 月，中国社会科学院考古研究所汉长安城工作队对昆明池遗址进行了考古钻探，准确地探明了唐代昆明池的范围，证实经过唐代扩大了的昆明池遗址周长是 17.6 公里。

对唐人来说，昆明池还是有名的鱼池和莲藕产地。唐中宗时期骄横的安乐公主曾经看上了此湖，向唐中宗讨封，但唐中宗认为此地为百姓游玩之地，不能封给她，《资治通鉴》卷二〇九记载："安乐公主请昆明池，上以百姓蒲鱼所资，不许。"而安乐公主脾气上来了，竟然另外修建了一个更大的人工湖，名曰"定昆池"，意思是胜于昆明池："安乐公主恃宠，奏请昆明池以为汤沐。中宗曰：'自前代已来不以与人。不可。'安乐

于是大役人夫，掘其侧为池，名曰定昆池。"（《大唐新语》）

　　唐人酷爱游猎，对于帝王来说，游猎不仅可以娱乐，还可以演练军队，因为一场大规模狩猎，需要很多人马协调行动，相当于一次军事演习。不过皇帝的狩猎一多半在北郊禁苑进行，这里地盘广大，草木繁茂，动物很多，是皇家专用猎场。有时皇室人员也到其他地方狩猎，例如渭水以北或者东郊等地。如唐章怀太子墓壁画《狩猎出行图》，此图乍看是军队出征，众多的马匹奔腾，人人皆着戎装、携带弓箭，旗帜招展。但仔细看一些骑手马背上还有猞猁、猎犬等打猎用的兽

· 图 2-5 唐·章怀太子墓壁画《狩猎出行图》

类，可见是一次大规模的狩猎行动。（见图 2-5）

而唐懿德太子墓壁画《架鹞戏犬图》，图中的猎犬就是
"细犬"，被认为是二郎神哮天犬的原型。这种犬体形细长，有
着惊人的奔跑和弹跳能力，是狩猎的理想帮手，现在国内还有
饲养。（见图 2-6）

·图 2-6 唐·懿德太子墓壁画《架鹞戏犬图》

一般的官员和百姓，当然是在禁苑以外游猎。

《旧唐书》卷六十七载："（李）靖弟客师，贞观中，官至右武卫将军，以战功累封丹阳郡公。永徽初，以年老致仕。性好驰猎，四时从禽，无暂止息。有别业在昆明池南，自京城之外，西际沣水，鸟兽皆识之，每出则鸟鹊随逐而噪，野人谓之'鸟贼'。"这段话是说，著名军事家李靖的弟弟李客师有别业在昆明池附近，他本人酷爱打猎，年老之后仍然游猎不辍。以至于当地鸟都认得他，一看到他出现，立即四飞逃命，人称李客师为"鸟贼"。

李勣的孙子徐敬业是著名的反抗武则天的人士，据说从小是个枭雄，还有传闻说李勣在世时曾担心此孙胆大妄为，会给家族带来祸患，为以绝后患，有一次徐敬业去林子里打猎，李勣趁机派人纵火，想烧死他。大火困住了徐敬业，但是他有办法，他杀了自己的马，剖开马腹钻进去，等火头过去，"浴血而立"（《酉阳杂俎》卷十二），李勣见此情景大为惊奇。但此故事可信度不高。一般来说，森林大火，火场中间氧气先消耗光，躲到马肚子里没有什么用。这个故事，更像是徐敬业失败后有人编造的故事，用以说明这人自小是个枭雄。司马光写《资治通鉴》时表示不信，他说："按敬业，武后时举兵，旋踵败亡，若有智勇，何至如此！"

不过狩猎的确是一项危险的运动，唐代因为狩猎导致死伤的事情屡有发生。甚至还因为狩猎发生过一件重要的事，左右了太子的人选。唐玄宗时期，太子李瑛被杀，新太子人选问题成为重中之重。本来在嫡长子继承制之下，玄宗的长子李琮毫无疑问有竞争力，且此人品行没大问题，可是他少年时期在打猎时被野兽所伤，破相了，因此不能立。而且他头脑发昏，收养了原太子李瑛的儿子，所以玄宗更不能选择他了。最终，玄宗决定选择三子李亨，也就是后来的唐肃宗。

经营别业

　　唐代别业指的是城内人在城外所拥有的包括田地和住宅在内的产业，又称为"庄""墅"。唐人别业在郊区广泛分布。有皇室宗亲、公卿、私人的别业。《画墁录》载："唐京省入伏假，三日一开印。公卿近郭皆有园池，以至樊（川）杜（曲）数十里间，泉石占胜，布满川陆，至今基地尚在。省寺皆有山池，曲江各置船舫，以拟岁时游赏。诸司唯司农寺山池为最，船惟户部为最。"

　　著名的有太平公主南庄，沈佺期（一作苏颋诗）有《陪幸太平公主南庄诗》："主第山门起灞川，宸游风景入初年。"

　　又长宁公主东庄，崔湜有《侍宴长宁公主东庄应制》诗："沁园东郭外，鸾驾一游盘。"

宁王李宪园池，见《旧唐书》卷八："（开元十八年）侍臣已下宴于春明门外宁王宪之园池。"

薛王李业别业，见《旧唐书》卷一〇六："城东有薛王别墅，林亭幽邃，甲于都邑。"

杜甫《崔驸马山亭宴集》："京城东有崔惠童驸马山池。"

《广异记》："丹阳商顺娶吴郡张昶女，昶为京兆少尹，卒葬浐水东，去其别业十里。"

《旧唐书》卷八十八："（韦）嗣立与韦庶人宗属疏远，中宗特令编入属籍，由是顾赏尤重。尝于骊山构营别业，中宗亲往幸焉，自制诗序，令从官赋诗，赐绢二千匹，因封嗣立为逍遥公，名其所居为清虚原幽栖谷。"

《旧唐书》卷九十八："明年，上还京师，因校猎于城南，经怀慎别业，见家人方设祥斋，悯其贫匮，赐绢百匹。仍遣中书侍郎苏颋为其碑文，上自书焉。"这是城南的别业。

不仅是长安，当时的大城市周围基本上都有官宦人家的别业，诗文中就有大量关于洛阳等地别业的记载。如《唐语林》卷七就写道："相国韦公宙善治生。江陵府东有别业，良田美产，最号膏腴，而积稻如坻，皆为滞穗。大中初，除广州节度。上以番禺珠翠之地，垂贪泉之戒，京兆从容奏对：'江陵庄积谷尚有七十堆，宙无所贪。'上曰：'此可谓之足谷翁也。'"江陵在今湖北荆州地带，物产非常丰富。古代的官宦和商人，说到底还是地主，他们手头资金充裕，最终还是落实到了买地置业上。

说到长安郊野最有名的别业，当属王维之辋川别业。王维，字摩诘，河东人士，唐代官员，大诗人。他母亲崔氏笃信佛法，所以王维之名带有强烈的佛教色彩。王维和他的弟弟王缙都是不可多得的人才，饱读诗书。开元九年（721年），王维考中进士（《唐才子传》说是开元十九年，程千帆《王维年谱》、周绍良《〈唐才子传·王维传〉笺证》考证应以《旧唐书》等记载为准，即开元九年），这一年王维二十二岁。要知道，就这一件事就足以证明王维的才气，因为唐人有云"五十少进士"，意思是进士科难考，五十岁考上都算年轻的，那么王维二十出头就考上，自然是出类拔萃。

刚出道的王维被任命为从八品下的太乐丞。据说王维擅长音律，《唐国史补》记载：曾有人拿一幅奏乐图给王维看，请他判断一下画里演奏的是什么，王维回答说，此乃《霓裳羽衣曲》第三叠第一拍。请来乐师演奏，果然分毫不差。但沈括《梦溪笔谈》考证，《霓裳羽衣曲》第三叠并没有节拍，是散曲，因此这个故事是编造的。但编故事的人以王维为主角不是偶然的，王维的确擅长音律。

不过王维的官场生涯并不顺利，他很快惹来了麻烦，被贬官了。根据《集异记》的记载，当时王维让伶人演《黄师子》，导致被贬官。这个舞是专门给皇帝表演的，所以《集异记》载："《黄师子》者，非一人不舞也。"只有皇帝在场才能演，王维擅自让伶人表演，因此被贬为济州司仓参军。

在济州，他一直待到开元十四年（726年）春，后来大约曾出任一些低级官职，但是仕途不是很平坦，此后一直在长安闲居。三十二岁时妻子去世，他就终身未再娶。在三十六岁那一年，他获得了张九龄的推荐，担任了右拾遗这个从八品上的官职，品级虽不高，但起码是个京官。后来他又担任监察御史、殿中侍御史、左补阙、侍御史等。

在当时文坛，他很受推崇，包括唐玄宗兄弟在内的很多人都很欣赏他。在安史之乱前，他的生活可谓波澜不惊。四十二岁以后，他开始过起了半隐居的生活，在蓝田辋川建了别墅，写了大量诗作，过着优哉游哉的生活。（见图2-7）

王维的辋川别墅占地甚广，山林茂密，景色优美。王维又有洁癖，《洛都要记》记载："王维居辋川，宅宇既广，山林亦远。而性好净洁，地不容浮尘。日有十数扫饰者，使两童专掌缚帚，而有时不给。"屋内不容任何浮灰，光打扫卫生的就有十多人，有两个小童专门负责绑扫帚，看来王维的原则是

· 图 2-7 清·王原祁《辋川图》

扫帚用一次就不能再用。

　　另外，别业有时候会发挥别的功能，例如军事功能。因为别业有地盘，有作坊，有库房，又有人手，是集结军队的理想场所。唐高祖女儿平阳公主就曾经以自己的别业为基地，举兵响应父亲，为唐朝建国立下了汗马功劳。当时李渊在太原密谋举兵，而女儿平阳公主和女婿柴绍在长安。在举兵之前，李渊就秘密告知了他们，柴绍听了之后立即动身前往太原，但是问题就在于怎么安顿妻子。为何柴绍不带公主一起走呢？估计是因为此时是个微妙时刻，如果全家一起走，必然引起隋朝官

员的怀疑。

平阳公主此时就体现出她与众不同的气质，她说："君宜速去。我一妇人，临时易可藏隐，当别自为计矣。"（《旧唐书》卷五十八）然后夫妻两人分开，"绍即间行赴太原。公主乃归鄠县庄所，遂散家资，招引山中亡命，得数百人，起兵以应高祖"。由于别业地盘较大，距离城市较远，环境相对隐蔽，又有仓储，还可以秘密打造兵器，所以是举兵的理想场所。

还有一个叫李观的人，也曾利用自己的别业兴办武装，抵御吐蕃入侵。《旧唐书》载："李观，洛阳人，其先自赵郡徙焉，秋官员外郎敬仁侄孙也。少习武艺，沉厚寡言，有将帅识度。乾元中，以策干朔方节度使郭子仪，子仪善之，令佐坊州刺史吴仙，充防遏使，寻以忧免，居鳌屋别业。广德初，吐蕃入寇，銮驾之陕，观于鳌屋率乡里子弟千余人守黑水之西，戎人不敢近。"李观曾经参与平定安史之乱的战斗，后来丁忧，在周至经营的别业居住，唐代宗时期吐蕃曾短暂占据过长安，李观就在周至组织起千人的队伍，严防吐蕃。吐蕃此次入侵，孤军深入，其实并不敢走出长安城墙主动出击，不久在郭子仪虚张声势的"攻势"、长安城内居民的抵抗、周边民众武装的威胁下撤出长安。所以李观这里也就得以平安。李观和平阳公主一样，都是利用了别业庄园的人力和物力资源，组织起军队来。

终南捷径

　　中国人历来相信所谓"高手在民间"，相信有"世外高人"。而世外高人自然要居于远离市井之处，所以在很多传说中，深山野林中总是有奇人异士，或洞彻世事，或指点迷津，或传授秘籍，甚至具有半人半仙的神秘色彩。

　　而长安周边，历来是隐居的名地，历史上一些著名的隐士就曾隐居在长安周边的深山之中，例如商山四皓。汉高祖刘邦时期，戚夫人受宠，就想让自己的儿子如意取代现任太子刘盈，刘盈乃是皇后吕后的亲生儿子，但性格较为懦弱，而如意聪明伶俐，刘邦很喜欢他，这也就是戚夫人的底气所在。

　　当时吕后十分焦急，找张良出主意。但是张良回答说：现在皇帝想换太子，谁也无法劝动，要想劝动，必须得找几个皇帝平时渴望见面又见不上的人物，他指的就是商山四皓。商山四皓是四位老者，分别是东园公、绮里季、夏黄公、甪（lù）里先生。据说都是贤士，秦代暴政时期隐居在商山，所以称为"商山四皓"。商山就是秦汉上雒、商地之间的南山，距离长安不算太远。刘邦日思夜想让这四位老者出山辅佐自己，但是这四人闲云野鹤惯了，再加上听说刘邦是个不懂礼数的人，所以拒绝出山。

于是张良力请四人出山。刘邦有一次和臣下一起喝酒，见太子刘盈背后跟着四位须发皆白、仙风道骨的老者，就问四位老者是何人。四人上前各报姓名，刘邦大惊：我想请您四位出山久矣，遭到拒绝，为何今天陪伴我儿左右？四位老者回答说：太子仁孝，大家都愿意保卫他。

酒宴完毕，四位老人告辞归山，刘邦看着他们的背影对戚夫人说："我欲易之，彼四人为之辅，羽翼已成，难动矣。"（《汉书·张良传》）至于刘邦真的是被隐士们劝动，还是原本就不打算换太子，与张良演了双簧，借商山四皓出山打消戚夫人的念头，这就无从考证了，但商山四皓之名借此事彰显史册。

长安周边的隐士中还有一位著名人士——王猛。王猛是十六国时期北海郡人士，其人有经邦济世之才，曾拒绝后赵的出仕邀请，隐居到华山。但实际上，隐居不是他的根本目的，观察时事、伺机出山才是他心中所想。

公元354年，东晋桓温北伐攻打长安，一直打到长安东郊灞上，屯兵不前。王猛走出华山，求见桓温。在与桓温交谈过程中，王猛扪虱而谈，洒脱不羁，桓温见其有才华有胆识，盛情邀请他留在自己身边为官。但是王猛经过此次交谈，意识到桓温的所谓北伐、收复中原只是旗号，借机掌握兵权和政治资源，以便于在东晋朝廷斗争中立于不败之地才是他隐秘的目的，所以最终拒绝了桓温的南下邀请，回到了华山。后来，王猛接受了前秦苻坚的邀请出山，帮助他策划铲除苻生。苻坚即位后，以王猛为中书侍郎。从此王猛开始了他波澜壮阔的一生，最终帮助苻坚统一了整个北方。

与王猛事迹类似的还有东晋谢安。谢家是南迁的北方世家大族，他自小以才华著称，但对于仕途没有多大兴趣，所以拒绝应召，隐居到会稽郡的东山，终日与一些名士、僧道游历山水，过着闲云野鹤的生活。后来谢家中落，尤其是适合当官的成年男子逐渐凋零，为了维护家族地位，他不得已出山，打赢了淝水之战，由此成了挽狂澜于既倒的功臣，拯救了东晋。

虽然《桃花源记》中的世外桃源和陶渊明"悠然见南

山"那样的田园隐居生活在诗文里是受古人崇尚的，但实际上有相当一部分人选择在长安附近隐居的真实目的是出山为官，因为人们相信隐士中有高人。尤其是东晋谢安、前秦王猛都曾是隐居者出仕，然后经邦济世，立下不世之功，成为人们心目中隐士高人的榜样。而历朝历代的皇帝也经常下诏访求遗贤，隐士们有时候比走正规渠道求官的人更能飞黄腾达，所以有些隐居就变成了招幌，目的是借此扩大自己的名声，以求早日被皇帝征召。

《新唐书》卷一百二十三："（卢藏用）始隐山中时，有意当世，人目为'随驾隐士'。晚乃徇权利，务为骄纵，素节尽矣。司马承祯尝召至阙下，将还山，藏用指终南曰：'此中大有嘉处。'承祯徐曰：'以仆视之，仕宦之捷径耳。'藏用惭。"卢藏用其实很想当官，他所采取的就是以"隐居"博名声，皇帝在哪里，他就"隐居"到哪里，比如皇帝在长安，他就隐居终南山，皇帝在洛阳，他就隐居到洛阳附近。人们讽刺他为"随驾隐士"。而著名道士司马承祯对他则有一个更加有名的讽刺。当时司马承祯要回终南山隐居，卢藏用一副过来人的架势，指着终南山说："此中大有嘉处。"司马承祯讽刺说此山乃"仕宦之捷径耳"。从此就有了成语"终南捷径"，意思是不走寻常路以求达到目的的捷径。

终南山之所以成为这些人的首选之地，因为它一是高山，符合隐居条件，二是靠近政治中心长安，可以接近权贵，名声容易上达天听，可谓"两手都要抓"的理想之地。

当然，还有很多隐居者是真正的隐士，他们或者由于价值观与朝廷相左，或者由于人生失意，而选择了隐逸之路。例如《大唐新语》卷三所载："李日知为侍中，频乞骸骨，诏许之。初，日知将欲陈请，不与妻谋。及还饰装，将出居别业，妻惊曰：'家室屡空，子弟名宦未立，何为辞职也？'日知曰：'书生至此已过分，人情无厌，若恣其心，是无止足也。'"再例如孟郊《蓝溪元居士草堂》也写道："市井不容义，义归山谷中。夫君宅松桂，招我栖蒙笼。人朴情虑肃，境闲视听空。清溪宛转水，修竹徘徊风。木倦采樵子，土劳稼穑翁。读书业虽异，敦本志亦同。蓝岸青漠漠，蓝峰碧崇崇。日昏各命酒，寒蛩鸣蕙丛。"这些即是失意后的隐居。

灞桥迎送

　　长安城外东郊灞桥由于是前往关东的交通要道，古人又有郊迎郊送之礼，所以经常在此迎客或者送行。有时大军凯旋或者出征，皇帝也会在此处举行仪式。至于一般民众，更是以灞桥为挥别之处。这个风俗起码从汉代就已经开始，《三辅黄图》记载："灞桥在长安东，跨水作桥，汉人送客至此桥，折柳赠别。"唐人也一样，《开元天宝遗事》载："长安东灞陵有桥，来迎去送，皆至此桥，为离别之地，故人呼之为销魂桥。"

　　唐人在灞桥送行，留下了很多有名的诗句，例如李白《灞陵行送别》："送君灞陵亭，灞水流浩浩。上有无花之古树，下有伤心之春草。我向秦人问路歧，云是王粲南登之古道。古道连绵走西京，紫阙落日浮云生。正当今夕断肠处，黄鹂愁绝不忍听。"再例如白居易《长乐亭留别》:"灞浐风烟函谷路,曾经几度别长安。昔时蹙促为迁客,今日从容自去官。优诏幸分四皓秩,祖筵惭继二疏欢。尘缨世网重重缚,回顾方知出得难。"

送客至此,往往要折一根柳条送给远行者,取"留"之意。李益(一作戎昱)《途中寄李二》诗道:"杨柳含烟灞岸春,年年攀折为行人。好风若借低枝便,莫遣青丝扫路尘。"

由于春季柳絮飞扬如雪花一般,所以"灞柳风雪"成为"关中八景"之一。

宗教生活

　　唐人郊野生活的重要组成部分还有宗教活动。长安郊野，佛寺、道观均很兴盛，不仅有众多善男信女前去祈福进香，皇家甚至也参与其中，礼佛崇道，还有舍宫为寺的行为。例如唐高宗将玉华宫改为玉华寺，玄奘最后圆寂于此。唐太宗去世的翠微宫至少在开元时期就已经改为翠微寺了。至于皇帝敕建的佛寺道观更是蔚为大观。

　　隋代时候，长安城内及其郊野有史可考的佛寺有 91 座，到了唐代这个数字上升到 150 以上。道观数量少于佛寺，长安城内外有道观 40 座以上。长安城内七成的居民坊有寺观，皇宫内则以道观为主。郊野尤其是靠近终南山的地带，佛寺、道观均为数众多。比如樊川一带，就有兴教寺、华严寺、兴国寺、牛头寺、法幢寺、禅经寺、洪福寺和观音寺等"樊川八大寺"。

佛寺中，香积寺、草堂寺、华严寺、兴教寺等历史悠久，均为当时有名的郊野大寺，香火旺盛。

香积寺为净土宗寺庙，建于唐高宗永隆二年（681年），香火旺盛，也是郊游的好去处。王维《过香积寺》写道："不知香积寺，数里入云峰。古木无人径，深山何处钟。泉声咽危石，日色冷青松。薄暮空潭曲，安禅制毒龙。"安史之乱时唐军收复长安的香积寺战役就发生于此。

草堂寺早在十六国时期就已经建立，内有著名高僧鸠摩罗什灵骨塔，并有疑似李渊许愿碑，题记为《为子祈疾疏》："郑州刺史李渊，为男世民因患，先于此寺求佛。蒙佛恩力，其患得损。今为男敬造石碑像一铺，愿此功德资益弟子男及阖家大小，福德具足，永无灾郗。弟子李渊一心供养。大业二年正月八日立。"该年其子李世民八岁左右。该造像记被认为是草堂寺重刻。

华严寺是所谓樊川八大寺之一，景色优美，唐宣宗有《幸华严寺》诗："云散晴山几万重，烟收春色更冲融。帐殿出空登碧汉，遐川俯望色蓝笼。林光入户低韶景，岭气通宵展雾风。今日追游何所似，莫惭汉武赏汾中。"孟郊有《登华严寺楼望终南山赠林校书兄弟》亦描绘了其美景："地脊亚为崖，耸出冥冥中。楼根插迥云，殿翼翔危空。前山胎元气，灵异生不穷。势吞万象高，秀夺五岳雄。一望俗虑醒，再登仙愿崇。青莲三居士，昼景真赏同。"

　　兴教寺是樊川八大寺之首，法相宗祖庭之一。唐高宗时期敕建，安置了玄奘法师灵骨。目前是世界文化遗产。

大唐新语

称谓体现一个时代的礼节、文化，甚至可以体现一个时代的潜意识。中国自古以来重视家庭关系，又有严密的宗法制度，在这个背景下，亲属之间的称谓就显得严密而复杂，例如伯、叔、舅、伯父、仲父、叔父、季父、堂伯、堂叔……这些词在英文中就以 uncle 一个词涵盖，婶、姨、姑妈、舅母、伯母……这些词在英文中就以 aunt 一个词涵盖。这就是中西宗族关系疏密程度不同的体现。

　　再例如中国自古以来官本位思想浓厚，当官几乎是所有人的希冀，当官代表着成功、权力、权威和财富，所以人与人之间的称谓有下意识的"官称化"倾向，例如女子称情人为"郎君"，医人被称为"大夫""郎中"，地主被人称为"员外"……此类例子举不胜举，都是出自官职称谓。所以说，人际称谓完全是一个时代文化的集中体现。

那么唐人的称谓有哪些呢？这是个很大的话题，我们按照不同的身份分门别类说一下，但称谓这件事实在太过复杂，而且因地域方言、所处时代不同，所以称谓又多有变化，因此也只能择其紧要，挑比较常见的或者具有唐代特色的说个大概。

天子与粪土臣：皇家的称谓

古人重视礼仪，所以尊称是每个人都要学习的内容，《酉阳杂俎》卷一载："秦汉以来，于天子言陛下，于皇太子言殿下，将言麾下，使者言节下、毂下，二千石长史言阁下，父母言膝下，通类相言称足下。"也就说，对皇帝的尊称是陛下，对皇太子称殿下，对将领称麾下，对皇帝的使者称节下或者毂下，对地方长官称阁下，对父母称膝下，同辈、同事间称足下。

除了天子、陛下等大家耳熟能详的称谓外，牛志平《唐人称谓述略》总结了唐人对皇帝的其他称谓。如圣人、至尊、人主、上、今上等。他还指出："在唐代，'殿下'亦指皇太子和皇太后，据《事物纪原》卷二称：'汉以来，皇太子、诸王称殿下，汉之前未闻。唐初，百官于皇太后亦呼之，百官洎东宫官，对皇太子亦呼之。'"也就是说"殿下"一词不仅适用于皇太子，也适用于皇太后。除此之外，还有"大家"，亦可指皇帝。例如李辅国就曾傲慢地对唐代宗说："大家但内里坐，外事听老奴处置。"（《旧唐书》卷一八四）不过这一般是与皇帝关系亲密者以及近侍之官对皇帝的称谓。

　　唐代君臣关系尚不似明清那样悬隔分明，所以对皇帝的称谓有时可以很亲昵。例如唐玄宗排行第三，人称三郎，不仅他父亲、兄弟如此称谓，杨贵妃也可以这样叫，臣下甚至百姓也可以。比如广运潭成，唐玄宗视察漕运船队，船队歌曰："潭里舟船闹，扬州铜器多。三郎当殿坐，听唱得宝歌。"（《资治通鉴》卷二一五）

　　至于臣下在皇帝面前的自称，当然一般就是"臣"。还有个特别的臣下自称——"粪土臣"。隋文帝时期，高丽联合靺鞨进犯边境，隋文帝派出汉王杨谅率领三十万大军讨伐，隋军遭遇瘟疫和补给困难，未能与敌实际接触，而高丽国王高元也十分恐惧，向隋文帝上书请罪，落款自称"辽东粪土臣元"。有很多人至今嘲笑高丽的自贱称谓，实际上这个问题要辩证看待：第一，高元以此表示卑贱之意，向隋朝请罪，这一点是没有错的；第二，其实"粪土臣"一词不是高元的发明，自称粪土臣在汉代乃是制度，汉代臣下上书常有"敢言之""叩头死罪死罪""顿首顿首"和"粪土臣"等结语。这其中"敢言之""叩头死罪死罪""顿首顿首"可以用在官员给皇帝上书中，也可用在官员间的互相通信上，而"粪土臣"算得上是最高限度的谦辞，是臣下对皇帝的谦辞。《后汉文》记载蔡邕上书皇帝就自称"议郎粪土臣邕顿首再拜上书皇帝陛下"。

高丽文化落后，包括礼节、称谓的发展变化要比中原慢，所以延续的汉魏习俗较多，但是这个词于隋唐乃是古风，隋唐大臣是不会如此自称的，故高元上书自称"辽东粪土臣元"，朝廷上下均感讶异及满意。唐人修《隋书》还特地强调之。高丽文化来源多元，但文化上承袭卫满朝鲜及汉代者多多，尤其文书方面，称谓格式多有汉风，所以也不奇怪。所以这个词的使用，高丽人和隋人感受是不一样的，算得上是一种"文化代差"。

对于皇后，王曾瑜称："唐宋时皇后称'圣人'，妃嫔称'娘子'，只有太后方称'娘娘'。"(《略谈宋代的避讳、称呼和排行》) 所以"娘娘"这个词不可擅用。

皇帝、皇后可以直接称呼太子、公主的名字。不过太子在给皇帝正式上书时候都要自称"臣"。皇帝祭天时候对上天也要自称"嗣天子臣"。

公主在皇帝面前也可以自称为妾。说到这里，要拨正网上的一个盛行说法，即所谓太平公主名字叫作李令月，这是一个乌龙。网民认为她叫李令月，是因为《全唐文》里有崔融《代皇太子上食表》："臣某言，伏见臣妹太平公主妾李令月嘉辰，降嫔公族。诗人之作，下嫁于诸侯；易象之兴，中行于归妹。"问题是这里断句应该是："太平公主妾李，令月嘉辰……"令月对应的是嘉辰，是黄道吉日、好日子的意思。"妾＋姓"，或者"臣妾＋姓"，是魏晋隋唐妇女常见的自称，甚至在唐中前期是公主上表的标准格式，唐宰相李德裕（787—850年）有《论公主上表状》："右，臣等伏见公主上表称妾李者。伏以臣妾之义，取其贱称，家人之称，即宜区别，因循旧章，恐未为得。臣等商量，今日以后，公主上表，从大长公主以下，并望令称某邑公主第几女上表，仍不令称妾。所冀臣子之道，因此正名。郡主、县主，亦望准此。未审可否？"也就是说，在李德裕时代之前，唐代公主常称"妾李"，或者"臣妾李"而不加名字，甚至李德裕反对的也不是只称姓不称名，反对的是自称"妾"或者"臣妾"。那么崔融代拟的太子上表中太平公主称"妾李"就是符合当时规范的格式。

而且这样的称谓不仅是唐代，在整个中古时期都不乏例证，古代妇女经常没有大名，或者有名而不使用，称"妾＋

姓"不乏其例，比如《魏书》卷六十七："敕光为诏，光逡巡不作，奏曰：'伏闻当刑元愉妾李，加之屠割。妖惑扇乱，诚合此罪。但外人窃云李今怀妊，例待分产。'"这里把李氏称为"妾李"。《陈书》卷十九："余臣母子，得逢兴运。臣母妾刘，今年八十有一，臣叔母妾丘，七十有五，臣门弟侄故自无人，妾丘儿孙又久亡泯，两家侍养，余臣一人。"把自己母亲称为"妾刘"（这里妾是谦称），叔母称为"妾丘"，都没有称其名字，只称姓氏，可见这样的称谓并不罕见，只是一般只在皇帝面前如此称谓。

呼官名不呼名：臣下的称谓

　　臣下对皇帝的自称就是"臣""微臣"，皇帝对臣下则往往呼其官名，或者"卿""君"。还有些特别的称呼，例如国老，影视剧中武则天称呼狄仁杰为"阁老"，实际上正史记载武则天称呼其为"国老"。"阁老"一词在唐开元以前特指中书舍人中年资深者。后来逐渐泛指中书门下属官，均不合狄仁杰身份。宋明以来称大学士及入内阁办事者为阁老，这才成了宰相别称。

　　另外，皇帝也可以呼臣下的字，顾炎武《日知录》卷二三："汉高帝曰：'运筹策帷帐之中，决胜千里之外，吾不如子房。'景帝曰：'天下方有急，王孙宁可以让邪？'皆人主呼人臣字也。晋以下，人主于其臣多不呼名。《南史》：'梁蔡撙为吏部尚书、侍中。武帝尝设大臣饼，搏在坐，帝频呼姓名，搏竟不答，食饼如故。帝觉其负气，乃改唤"蔡尚书"，搏始放箸执笏曰"尔"。帝曰："卿向何聋，今何聪？"对曰："臣预为右戚，且职在纳言，陛下不应以名垂唤。"帝有惭色。'又南朝人如王敬弘、王仲德、王景文、谢景仁，北朝人如萧世怡、李元操之辈，名犯帝讳，即以字行，不复更名。"古人一般称呼别人常用其字，尽量不用其名。《说苑·臣术》："诸父臣而不名，诸兄臣而不名，先王之臣臣而不名。"即君主对自己的伯父、叔父、庶子哥哥、大臣中之元老，都应该只称呼字，而不能称呼名，以示尊敬。《日知录》："古人敬其名，则无有不称字者。《颜氏家训》曰，古者名以正体，字以表德。名终则讳之。"梁武帝直呼蔡搏的名，蔡搏假装听不到，直到梁武帝呼其官名，这才答应，而且毫不客气地指出"陛下不应以名垂唤"，让梁武帝十分难堪。唐朝也是如此，皇帝一般称官员的官名，关系较为亲近的，可以称其字，称呼名十分罕见（要有的话估计是生气了，和妈妈忽然叫你大名一样是个不祥之兆）。

影视剧中常见古人把官员称为"大人"，但这个词在唐代不适用，因为"大人"在唐代指的是父母，不能乱用。牛志平《唐人称谓述略》总结唐人对于官吏的称呼，有公、卿、明宰、君侯、阁下、大僚、高明等；刺史被尊称为"使君"；县令被尊称为"明府"；至于县丞等则被称为"少府"。

有的影视剧中把宦官叫作"公公"，唐代没有这样的称谓。顺便说一下，唐代曾有"太监"这个词，见于唐高宗龙朔年间改制，比如"将作大匠"改名"将作太监"。但是那个时候，"太"与"大"在书写时经常通用，"太监"有时写作"大监"。更重要的是，太（大）监那时候是普通官职，并非阉人，明代以后才逐渐指高层宦官，到了清代才成了所有宦官的称谓。在唐代，宦官也可称为寺人、宦者、中官、内官、内臣、内侍，唐德宗以后由于宦官掌握了神策军，并出任神策军中尉，所以有时候，"中尉"可以用来指代宦官中的首领人物。对宦官的贬义称谓则有阉人、阉竖、阉宦等。

爷娘妻子：家人间的称呼

对父亲的称谓，"爸"是一以贯之的，《广雅》就有"爸，父也"。兹不赘言。但正式书面语称谓是"父"，除此之外，还有"大人""翁""家翁"。不过"家翁"有时也泛指一家之长，一般是嫡系中辈分最高者，不是所有父亲都是一家之长。唐代宗在调解自己的女儿与女婿郭暧矛盾的时候对亲家郭子仪说："不痴不聋，不作家翁。"《隋书·长孙平传》也说："臣不胜至愿，愿陛下弘山海之量，茂宽裕之德。鄙谚曰：'不痴不聋，未堪作大家翁。'"这些里面的"家翁"都是家族之长的意思。

有意思的是，"爷"这个词在最初指的是父亲，没有祖父的意思。最著名的是成文于唐代的《木兰诗》："阿爷无大儿。"还有杜甫《兵车行》："耶娘妻子走相送。""爷"（耶）这个词语是外来词，是魏晋以后胡语对汉语影响的结果。刘凤翥《从契丹文推测汉语"爷"的来源》指出，契丹大字和契丹小字中的"父"均音〔ai〕，近于汉字"爷"的发音。而契丹语中这个词是鲜卑语借词，随着鲜卑在内地建立政权，这个词语影响到了汉语："直到两汉时期，汉语中还没有'爷'这个单词，因而也就没有记录这个单词的汉字。……'爷'这个单词最初被借入汉语时，由于汉字中无'爷'字，只好用同音的'耶'字来记录这一借词。例如《古文苑》卷九收录的《木兰诗》中的'爷'全部作'耶'。然而很快就根据六书中的形声原则造出了'爷（爺）'字。上半部分表义，下半部分表音。"

"我国字书中首次收录'爷'字者当推南朝萧梁时期的顾野王于大同九年（543年）撰就的《玉篇》。该书卷三父部有'爷'字，其读音为'以遮切'，其字义'俗为父'。即使在造出'爷'字之后，仍有以'耶'来记录这一单词的情况。例如杜甫的诗《北征》中有'见耶背面啼，垢腻脚不袜'的句子。其中的'耶'即指'父'义的'爷'。甚至直到辽代还有把'爷爷'写作'耶耶'的情况。例如《陈万墓志铭》有'统和贰拾柒年选定大通，合葬尊翁耶＜娘＜灰骨，于十一月三日迁殡后立。'＜为重复符号，'耶＜'即'耶耶'亦即'爷爷'。

内蒙古巴林左旗博物馆的展品中，有一件辽代的木制骨灰盒，上面有'尊耶＜娘＜'的墨书。'爷'的原义为'父'。直到明代小说《金瓶梅词话》第五十五回西门庆认蔡太师为干爷，西门庆口口声声地称蔡太师为'爷爷'。这些地方的'爷'均为'父'之义。'爷爷'犹如'爹爹'或'爸爸'。而不是'祖父'之义。'爷爷'为'祖父'之义是后来才有的，它不会晚于辽宋。"此类例子还有很多，例如敦煌文书《舜子变》："有一家姚姓，言遣儿涛井，后母嫉之，共夫填却井煞儿。从此后阿爷两目不见。"《淳化阁帖》里疑似唐太宗写给李治的信《两度帖》也自称"耶耶"。

总结一下："爷"这个字来自鲜卑语，音〔ɑi〕，汉语最初没有"爷"这个字，于是用"耶"来代替。梁朝《玉篇》首先收录了"爷"这个字，但是这个字一直是父亲的意思，不是祖父。用来指称祖父，可能要晚到辽宋时期，但即便到了明代，"爷"的含义还不固定，有时也指父亲。甚至现代方言还有这个迹象，例如上海话"阿拉爷"就是自己父亲的意思。而且还不仅是上海，很多地方都有，具体可参看《汉语方言地图集（词汇卷）》，有专门的图表示这一点。

至于"爹"这个字，比较晚出，主要指父亲，但也可以用来称呼其他长辈，读音近似今日之"大"。现在某些方言还有这样的用法。陈燕《"爹"字二音考》："'爹'字最早见于《广雅》，不见于甲金文、十三经，明末学者闵齐伋早就发现'爹字古亦不多见'，'《说文》无爹字'（《订正六书通》）。魏张揖《广雅》云'爹，父也'，这是最早见于文献的记录。《集韵》说：《说文》爹……，父也。'但查徐铉校订的《说文》没有此字，一些常见的字书、韵书也不见引文，不知《集韵》凭何而言。若《说文》确有此字，就可以据此将该字的最早记录提前100年。……'爹'的两个读音来自不同地域。东汉后的文献开始有关于'爹'的记载，表示和'父'同样的意义。'父'字甲骨文便有，字形古老。'爹'字产生之后，'父'字大概就多用于书面语，现在还是这样。文献材料证实，'爹'的二音有不同的来源：《广韵》、《切三》（斯二零七一）、《王三》等书皆言甲音是'北方人呼父也'。《广韵》、《钜宋广韵》言乙音是'羌人呼父也'。总之，古文献明确记载，甲音出自北方人对父亲的称呼，乙音则源自羌人对父亲的称呼。甲音'徒可反'是最早的读音。唐代前后的工具书只载甲音，如：《切三》（斯二零七一）、《王三》、据《玉篇》而作的《篆隶万象名义》等书，由此可推测顾野王《玉篇》也应该载有此音。这些书只载甲音不载乙音，可表明'爹'字最初只有甲音'徒可反'，而乙音是后来出现的。还有三点可以证实：一从字形分析，'爹'是形声结构，其表音偏旁'多'的读音与甲音'徒可反'最相近，而与乙音'陟邪切'较远。试比较：多：端歌／甲音：定哿，乙音：端麻。甲音与表音偏旁声母相近、韵相同，而乙音则正相反。在谐声中韵相同胜过声相同，因为声相近韵相同的字在听觉上十分相似，所以甲音更接近声旁'多'。形声字在造字之初，其声旁表音应该是非常准确或比较准确的。据此可知甲音当是最初的音。二是根据魏晋南北朝梵汉对音通例，梵语 tā／ta 常译作'多'，如 tāla／tala：多罗树，tarani：多罗花，tāmasa：多摩（昏暗、愚痴）等，因此从'多'得声的'爹'最初读音当与'徒可反'音相同。三是在《广韵》麻韵中，乙音位于全韵的倒数第三小韵，该小韵仅一字。按《切韵》一系韵书的体例，放在末尾的字往往是后加的。因此可以肯定乙音是后来出现的音，这个音到宋代《广韵》才见到。《广雅》记载了'爹'的字形字义而没有字音。通过以上的分析，我们有理由相信它的字音是'徒可反'，拟音作 [da]，今读作 [ta]，与'大'音同。"

钱良臣，南宋大臣，高宗绍兴二十四年（1154）进士，累迁军器少监、总领淮东财赋、中书舍人兼侍讲、签书枢密院事等职务，宋光宗时卒，谥文惠。钱家家教甚严，且宋代避讳严格，钱家孩子严守避讳规定，"其幼子颇慧，凡经史中有良臣字辄改之。一日读《孟子》'今之所谓良臣，古之所谓民贼也。'遂改云：'今之所谓爹爹，古之所谓民贼也'。"这个孝顺孩子将书籍中所有的"良臣"都改成"爹爹"，让人啼笑皆非。不过也可见"爹"这个字那时已经有叠用的了。

《广雅》卷六说："翁、叟、爸、爹、奢，父也。"所以这几个字当时都是父亲的称谓。《旧唐书·窦怀贞传》载："时韦庶人及安乐公主等干预朝政，怀贞每谄顺委曲取容，改名从一，以避后父之讳，自是名称日损。庶人微时乳母王氏，本蛮婢也，特封莒国夫人，嫁为怀贞妻。俗谓乳母之婿为阿奢，怀贞每因谒见之次及进表疏，列在官位，必曰'皇后阿奢'，时人或以'国奢'呼之，初无惭色。"窦怀贞是个典型小人，为了上位屡次巴结韦皇后。窦怀贞丧妻后，唐中宗、韦皇后恶作剧指婚，将韦皇后奶妈嫁给了他，当时乳母的老公被叫作阿奢，窦怀贞由此自称"皇后阿奢"，人称"国奢"。"阿奢"在这里近似干爹的意思。顺便说一下，唐隆政变韦皇后被杀死后，窦怀贞为了撇清关系，竟然亲手杀死了韦皇后奶妈。

"娘"这个字可以指母亲，但实际使用范围极广，女子皆可称为"娘"，此时的"娘"字与年龄无关。有时女子的名字以"行第"+"娘字"，可以是名字，也可能是别称。例如杜甫笔下著名的"公孙大娘"，可以肯定是公孙家的大姑娘，至于

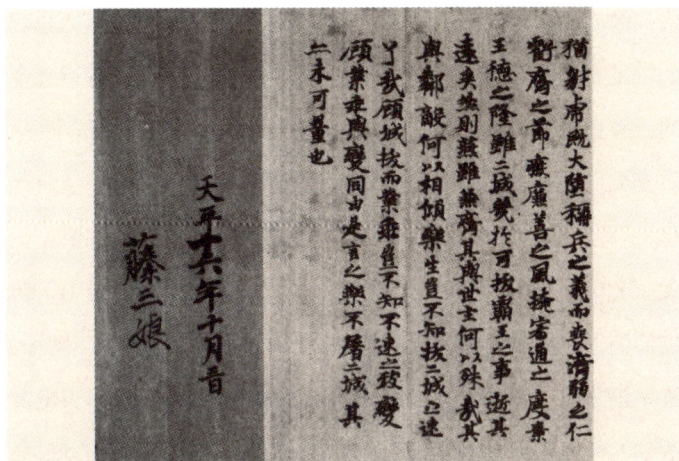

· 图 3-1 藤原光明子手书《乐毅论》

是大名如此还是别称，就无从考证了。日本圣武天皇的皇后藤原光明子，一直崇拜中国文化，曾经手书过《乐毅论》，此书法现藏于奈良正仓院，落款赫然曰"藤三娘"，这跟今天跨国公司白领爱叫洋名字一样，是模仿中国女子的起名习惯给自己起的别名。（见图 3-1）

唐五代人嘴里的"姐"，与今天的字义没区别。唐代姐姐可以称"姊""阿姊"，也可以称"女兄"，妹妹称"妹"，也可称"女弟"。"姐"这个字，最早是蜀地方言，指的是"母亲"，《说文解字》记载："蜀谓母曰姐。"后来成为姊的代名词。宋代吴曾《能改斋漫录》亦载："近世多以女兄为姐，盖尊之也。"

至于"哥"，这个字在唐代主要是指兄长，但也有指父亲的，来自鲜卑语"阿干"，本是鲜卑语中对尊长的称呼，后来演变成对兄长的称呼，慕容部有著名的《阿干之歌》。从唐代起，"哥"字在口语里出现了。清代翟灏《通俗编·称谓》记载："《广韵》始云今呼兄为哥，则此称自唐始也。《晋书·西戎传》：'吐谷浑与弟分异，弟追思之，作《阿干之歌》。'阿干，鲜卑谓兄也。阿哥，当即阿干之转。"伯希和《吐谷浑为蒙古语系人种说》认为："阿干……犹言兄也。突厥语昔称兄为 aci，eci，今称 aqa，蒙古语称兄为 aqa，满洲语兄为 ahun，女真语称兄为 axun'un，此阿干显为 aqa 之对音。"同属东胡后裔的鲜卑也有 aka 一词，梅祖麟著《汉藏比较暨历史方言论集·"哥"字的来源补证》："上古汉语称哥哥为'兄'，唐代才出现'哥'字。《敦煌变文集》《旧唐书》都有用'哥'来称兄长的用例。'哥'字是怎么来的？胡双宝指出，'兄'蒙古语族的基本形式是 aka，土耳其语族的基本形式是 axa，通古斯语族的基本形式是 aga，南北朝时输入了鲜卑语借词'（阿）干'，以后又音转为'哥'。胡先生认为'哥'字是鲜卑语的借词，这种看法基本上是对的。"

王力在《汉语史稿》指出，"哥"这个字在汉语里很早就有，但原来的意思是"歌"："哥，声也，从二可，古文以为歌字。"后来唐代语言受到少数民族语言的很大影响，哥这个词开始指"兄"。

唐代"哥"还可指父亲，虽然不多见，但也的确有例子。《旧唐书·土琚传》载："玄宗命之同榻而坐。玄宗泣曰：'四哥仁孝，同气唯有太平，言之恐有违犯，不言忧患转深，为臣为子，计无所出。'"同书《棣王琰传》载："臣实不知有符，恐此三人所为也。惟三哥辩其罪人。"这是李琰回答他父亲的话，所说的"三哥"是父亲玄宗。玄宗排行老三，所以称三哥，又被称为"三郎"。《淳化阁帖》所收唐太宗《废甘泉游帖》，言及："省书潸然，益增感念。善自将爱，遣此不多。哥哥敕。"唐太宗对李治自称"哥哥敕"。清梁章钜《称谓录》卷一言："父对子自称哥哥，盖唐代家法如是。"

至今少部分地区方言还有"哥"指代父亲的。

但在唐五代时期，"姐姐""哥哥"一旦成为叠词，语义立刻就暧昧起来，检索唐及五代文献，"姐姐"和"哥哥"出现很少，一旦出现都是特殊场合，如孙光宪的《浣溪沙》："醉后爱称娇姐姐，夜来留得好哥哥，不知情事久长么？"白行简的《天地阴阳交欢大乐赋》："姐姐哥哥，交相惹诺。"

夫妻称呼：妻子称丈夫为"良人""郎""郎君"。那时还没有"官人"这样的称谓，当时的官人，指的就是官场之人，并没有指代如意郎君的意思。官人成为夫君代名词是后来人身称谓官称化的结果。

夫妻间可以称对方为卿，《酉阳杂俎》卷十三载："魏韦英卒后，妻梁氏嫁向子集。嫁日，英归至庭，呼曰：'阿梁，卿忘我耶？'"

丈夫又可称呼妻子为细君、儿母，五代李克用墓志将众多妻妾称为"小君"，这是符合周礼的。在外人面前，称自己妻子为"内人""室人"，称呼别人的妻子，可以用"令阁""令妻""令室""邑君"等。

丈夫可称呼妻子为"内子"，妻子可称呼丈夫为"外子"，这个称呼在宋代以后比较流行，但清代学者钱大昕认为起自南北朝，他在《恒言录》卷三中写道："梁徐悱有《赠内诗》，又有《对房前桃树咏佳期赠内诗》，其妻刘氏有《答外诗》。内外之称，起于是矣。"那么隋唐时期自然不能例外。只是比较少见。

至于"太太"，唐代没有这样的称谓，不过《唐六典》卷二有记录："王母、妻为妃。一品及国公母、妻为国夫人；三品已上母、妻为郡夫人；四品、若勋官二品有封，母、妻为郡君；五品、若勋官三品有封，母、妻为县君。散官并同职事。

勋官四品有封，母、妻为乡君。其母邑号皆加'太'字，各视其夫及子之品。"此时女性恭称中已有"太"字，后来这个词可能被民间借用，称呼女性。到了明代，一定级别以上官员之妻才可称太太。胡应麟《甲乙剩言·边道诗》载："有一边道，转御史中丞，作除夕诗云：'幸喜荆妻称人人，且斟柏酒乐陶陶。'"这位官员以夫人从此可以称太太沾沾自喜，其实是自夸已官至御史中丞了。后来所有人妻才逐渐都可称"太太"了。

至于老公、老婆这样的称谓，唐代还没有，或者准确地说，这两个词有，但意义与今天不一样。"老公"指的是老年男子，"老婆"就是老年妇女，《寒山诗集》："东家一老婆，富来三五年。昔日贫于我，今笑我无钱。"这里的老婆就是老年妇女的统称。

那么何时"老婆"成了妻子的代名词？谭耀炬（《〈三言二拍〉语言研究》第92页）认为"老婆"到了宋代才有妻子的含义。例如宋代《梦粱录》有"时运来时，买庄田，取（娶）老婆"，元杂剧《包待制陈州粜米》则有"我做斗子十多罗，觅些仓米养老婆"的记载。即便如此，这个用法也不普遍，甚至到了明代，"老婆"还有另外的含义——指妓女。可能要一直到明代中后期至清代，"老婆"一词的含义才逐渐固定下来，《清稗类钞·诙谐》言："老婆，犹言老妇。宋王晋卿诗：'老婆心急频相劝。'谓老妇之主持家事者。今俗称妻曰老婆，则亦以其持家故也。而又有称人之妻曰大夫人者，若小夫人，妾也。见释法显《佛国记》，恒水上流有一国王，王小夫人生一肉胎，大夫人妒之。妻称夫人，妾自可称小夫人；妻曰老婆，妾自可称小老婆矣。"意思是"老婆"一词原本指的是老妇，后来指妻子，是因为妻子持家如家中老妇一般，相应的妾就可以称为"小老婆"。

目前各种不靠谱的"科普"很多，关于"老婆"作为"妻子"代名词的问题，网上盛行一种说法，辗转抄写传播，甚至被一些书籍收入其中，说"老婆"指代妻子是起自唐代的"一个美好传说"。（唐代）有一个书生叫麦爱新，他在考中进士后觉得自己的身份有了提升，正如孟郊的那句"春风得意马蹄疾，一日看尽长安花"。麦爱新在长安城中看到了很多年轻貌美的小姑娘，觉得自己家中的妻子容颜苍老，想要另结新欢，又不愿意直接休掉现在的妻子。于是他写了副上联"荷败莲残，落叶归根成老藕"放在家中，想让妻子知道他的意思。妻子看到后，提笔写了下联："禾黄稻熟，吹糠见米现新粮。"麦爱新感知到妻子的操劳，很惭愧，就这样放弃了休妻念头。看到麦爱新回心转意，妻子又给丈夫回了"老公十分公道"，得到了麦爱新"老婆一片婆心"的回应。这上下联合起来就是：

荷败莲残，落叶归根成老藕，老公十分公道。

禾黄稻熟，吹糠见米现新粮，老婆一片婆心。

老公、老婆也是从这以后成了夫妻之间的称呼。

这个故事听起来倒是有趣，但可惜的是，完全没有史料依据，就是现代人的杜撰而已。唐代"老婆"并无妻子的含义。

同样的，唐代也没有把丈夫的父母称为"公公""婆婆"的习俗。女子将丈夫的父母称为舅、姑，《尔雅·释亲》曰："妇称夫之父曰舅，称夫之母曰姑。"所以在唐人嘴里，舅姑就是公婆，王建的《新嫁娘词》："三日入厨下，洗手作羹汤。未谙姑食性，先遣小姑尝。"按照唐代的礼俗，新娘子进门前三天可以不干活，但三天以后就要开始承担家务。这位新妇在婆家下厨做的第一道菜就是一道羹，做好了之后，她要端给婆婆品尝，可是"未谙姑食性"，这个"姑"指的就是"婆婆"，不知道婆婆的饮食喜好，"先遣小姑尝"，这个"小姑"与今天所说的"小姑子"没什么区别，就是丈夫的妹妹，先让小姑子尝一下看看。

但是"舅姑"也可以指岳父岳母，《礼记·坊记》载："昏礼，婿亲迎，见于舅姑，舅姑承子以授婿。"可以说，婚姻中对方的父母都可以用"舅姑"来指代，这可能反映出古代姑表亲婚姻普遍到了影响语言的地步。

　　有趣的是在唐代，女子有时把婆婆亦呼为"大家"，比如《广异记·李陶》，记载李陶擅自娶了一个美女（实际上是女鬼），李母不满，让人招李陶，李陶不愿前去。美女云："大家召君，何以不往，得无坐罪于我。"这里的"大家"就是指婆婆。

　　唐代把妻子的父亲称为丈人。"丈人"这个词出现很早，一开始指的是老人，例如《论语·微子》："子路从而后，遇丈人，以杖荷蓧。"还有指自己家长辈的，颜之推《颜氏家训·书证》："丈人亦长老之目，今世俗犹呼其祖考为先亡丈人。"唐代还把老丈人称为"泰山"。这里涉及一个故事。开元十三年（725年），唐玄宗欲封禅泰山，张说负责拟定随行名单。众所周知，封禅乃是空前盛大的事，随驾的人不但荣耀，还可以得到升迁。所以是否被列入随行名单，就成了大家非常关心的事。而被皇帝委派拟定随行名单的张说，则一味照顾亲旧，开后门。张说的女婿郑镒本来只是个九品小官，但是也在名单里，从泰山回来后，就摇身一变，成了五品了。按照规定五品要穿绯，也就是红色官服。有一天唐玄宗看到他穿着红色官服，吃了一惊——因为他知道郑镒以前是九品——就问为何升迁如此之快，郑镒非常尴尬，说不出话来。唐玄宗身旁有个宫廷艺人叫黄幡绰，历来以机智幽默著称，他在旁边来了一句："此泰山之力也。"（《酉阳杂俎》）意思是这是他岳父借着泰山封禅搞的。从此以后，"泰山"就成了岳父的代名词。由于早在此之前就有把妻子的父亲称为"丈人"的习惯，所以随着"泰山"一词的出现，"丈人"这个词也发生了改变。牛志平《唐人称谓述略》："泰山为五岳之首，故丈人又有岳丈、岳父之名。相应地，丈母也就有泰水、岳母等名称了。"不过这样的用法似乎在宋代以后较为常见。

乳名：父母称呼孩子可以直接叫名，也可以叫乳名。但是父母不会称呼孩子的"字"。古人一般在孩子三个月以后才给起名，"故子生三月，则父名之"，原因就是夭折率太高，不到三个月不算活下来，婴儿夭折的基本得不到正常安葬，也不入祖坟，"未名则不哭也"。

父母给孩子起的乳名，有时候不堪入耳，因为"贱名好养活"。例如先秦晋公子小名黑臀，卫大夫小名司空狗，《汉书》记载司马相如小名犬子。长沙走马楼三国吴简亦显示了当时的很多贱名：邓狗、邓鼠、胡秃、黄鼠、光象、李鼠、唐鼠、唐泥、唐堆、田奴、王奴、谢狗、赵鼠、朱狗、黄溺、谢溺等，这也从一个侧面反映出贱名长命观念很早就有了。敦煌文书P.3249号《军籍残卷》记载归义军士兵名簿凡百余人，内中有曹粪堆、米粪堆、宋可瘦、李可瘦、张猪子、何猪子、唐猪光等，有昭武九姓胡，亦有汉人。百余人名单里就出现多次重名，例如粪堆、可瘦、猪子等，或反映出当地民众文化水平低，取名随大流，或涉及某种风俗，如以贱名避祸延命，像这样集中记录最底层百姓姓名的文献，也只有甘肃、新疆这种气候干燥的地区可以出土，内地传世的只剩下士大夫们高大上的文章和诔墓之文，保留不下来这么接地气的名单。

甚至还有外语包装的"贱名"。陈三平《宇文泰、刘黑闼与中古时代的伊朗文化影响》载：众所周知，宇文泰小名曰黑獭，隋末唐初又有刘黑闼与唐抗争，其实他们的名字有共同来源。这篇文章继周一良《魏晋南北朝史札记》对黑獭、黑泰名字的关注之后，根据北朝和隋唐文献、墓志总结认为，黑獭、黑闼、黑塔、黑太、黑退、黑堆、黑胎是北朝到唐初北方人常见名，而且涉及包括汉人在内的多个民族。该文认为，北朝唐初外来文化主要是三个体系，即印度 – 佛教、鲜卑 – 突厥（阿尔泰语系文化）、伊朗 – 粟特，而黑獭是伊朗 – 粟特文化影响下的产物。通过对中古发音的分析，他认为黑獭是粟特语 'kw/'khw 在音素换位之后的完整表达，是连带喉塞音的粟特语"狗"的译音。换句话说，宇文泰乳名可以理解为"狗子"，刘黑闼则大名曰"狗子"。

古人入学之后，就会用正式的名取代乳名，而字则是朋友间的互相称谓，父母和长辈可以直呼其名，而不称呼其字。但假如没有上过学，或者身份低微，往往也就一直沿用乳名（贫民的父母似乎也并不在意这一点，这与近现代农村大量毛蛋、狗剩之类的名字频繁出现异曲同工），乳名也就成为大名。上面列举的长沙走马楼和敦煌文书中的成年平民名字中出现那么多贱名可能就是这个缘故。

其实史籍中很多大人物光辉霸气的名字，有时也是发迹后所改，例如刘邦，原名刘季，其兄名刘仲，可见兄弟的名是很随意的"伯仲叔季"排列法，发迹后才改名为刘邦。再例如程咬金，正史里的名是"程知节"，就是在从军之后所改。再例如朱元璋，按照元代平民起名惯例，原名朱重八，即朱八八之意，其家族名根据御撰《朱氏世德碑记》记载有朱仲八、朱六二、朱十二、朱百六、朱四五、朱四九等等，这些数字或者是父母年龄相加，或者是出生日月，朱重八也不例外，从军后才改名。

乳名还可能引发悲剧。武则天还是个才人的时候，社会上就有"女主武王代有天下"的谶言。当时唐太宗李世民听到这个谶言后，压根儿没想到会有个女人当皇帝，因为这是旷古未有的事情，于是猜测大臣里会有这个"女主武王"。有一次宴请武将们喝酒，要行酒令，太宗让大家自报乳名。轮到李君羡，他说乳名叫"五娘子"，唐太宗刚开始还哈哈大笑，说哪里有女人能如此威武，结果回去越想越不对劲，李君羡是左武卫将军，值玄武门，封爵是武连县公，又是武安人，最关键的是，他的乳名叫"五娘子"，都带个"武"字，还是"娘子"，谶言所说必然是此人，于是唐太宗找个罪名把他杀了。这就是乳名引发的悲剧。一直到武则天称帝后李君羡才得以恢复官爵，重新风光大葬。

行业性称谓及其他

　　博士和把式：博士和把式，都是古代对匠人的称谓，原本都出自官称，是秦汉以来"博士"一词的沿用，后来经过蒙古语的转音，"博士"在元明时期变成了"把式"一词，一直沿用到近现代。

　　"博士"一词最早出现于战国，《战国策·赵策》："郑同北见赵王。赵王曰：'子，南方之博士也，何以教之？'"这里讲的"博士"可能只是博学之士的尊称。学术发达、成为百家争鸣中心的齐国最早将博士设为官职。许慎《五经异义》载："战国时，齐置博士之官。"此时的"博士"是国君顾问、教授学问之官。后来秦朝廷也设有博士。马非百《秦集史》总结秦朝博士的职能："其职掌有三：一曰通古今；二曰辩然否；

三曰典教职。"汉代的博士也延续了这些职能。《续汉志》载：
"博士，掌教弟子，国有疑事，掌承问对。"唐代的博士，同样
延续了秦汉以来的执掌，负责某项专门技术、学问，或者负责
教习。例如太常博士、宫教博士、国子博士、四门博士、律学
博士、算学博士、医博士、漏刻博士、按摩博士、咒禁博士、
五经博士等。

　　正因为"博士"指的是官府内掌握专门技艺的人，在社会
上普遍的称谓"官称化"影响下，这个词后来泛化成民间词语
了，一切有手艺的工匠都可能被叫作博士（算是对工匠的一种
美称），加个修饰词，就是指某行业的行家里手。例如《封氏
闻见记》"饮茶"条记载："命奴子取钱三十文，酬煎茶博
士。"唐代煎茶程序复杂，所以能煎得一手好茶的就被称为"煎茶博
士"，与此类似的还有瓦博士、酒博士、洗鱍博士（染整匠）、
钥匙博士、石博士、釜子博士、造火炉博士、煮盆博士（七月
十五佛盆节上的厨师）等。

　　一直到宋代，"博士"这个词还经常被用作对工匠的称
谓。元代则出现了"把式"一词的雏形。刘铭恕《现代汉语
中的一个蒙古语——把式》认为，"把式"一词源自元代蒙
古语词之"八合识"，即师傅的意思。它有几种不同的写法，
如"八哈失""巴合失""巴合赤""巴黑石"等。伯希和在

为《蒙古侵略时代的突厥斯坦》一书所写的《评注》中就认为，波斯语 bakhschi 应该是出于汉语"博士"一词，是音译，而非原先认为的出于梵语"比丘"。在《马可·波罗注》里他进一步认为，汉语"博士"一词影响到了畏吾尔文，也影响了波斯文，蒙古人是受到了他们的影响。冯承钧也认为汉语"博士"一词影响到了波斯语，而蒙古人是从波斯语中音译了这个词："波斯语 bakhschi 之称，固出于汉语之博士，然其用甚泛，致使元人不解其意，而译其音曰八合失。"（冯译《多桑蒙古史》第六卷二章二三一页）。刘铭恕从发音角度论证说："'把黑石'的'黑'字，只是急促的捎带音，不发出声音。余如'八合失'的'合'，'八哈失'的'哈'，都是捎带音。于是则'八合失'等字，便可以读作甚至写作'巴石''八失''八赤''八识'。……今日汉语中的'把式'一词，即元代蒙语'八合识'之简写，意思就是'师傅'。"而这个词，等于是出口转内销，反过来又影响到了汉语，使得"把式"这个词正式成为师傅、工匠的代名词（不过现在某些方言还保留着把工匠称为"博士"的习惯）。

医生：张宗栋《医生称谓考》一文将古人对医人的称谓作褒义与贬义之分，褒义者如国医、国手、儒医、名医、神医、医仙、哲医、老医、通医、妙医、高医、高手、明医、隐医、道医、善医、奇手、贤医、上医、良医等等；贬义者如庸医、庸手、戕医、妄医、俗医、时医、福医、凡医、矢医、里医、市医、衙推、愚医、下医等等。医人的称谓虽然种类繁多，但是我们看到其中比较流行的几种——诸如医生、大夫、郎中等，都与官职有关。

"医生"这一称谓或许与唐代太医署"医学生"有关系。《唐六典》卷一四《太常寺》中有"医生四十人"的记载。《天一阁藏明钞本天圣令校证（附唐令复原研究）》中唐《医疾令》也写道："诸医生、针生、按摩生……"由此推断，"医生"这个称谓很可能是"医学生"演化而来的，而医学生是政府选拔医官的后备军，也就是说医学生中很大一部分都会为官。

郎中、大夫也是"官称化"的结果，《中国历代职官别名大辞典》中对"大夫"一词的解释之一是："北方医生之潛称……"《宋代文化史大辞典》中也指出："'大夫'为宋代对医生的称呼。北宋末医官官阶有大夫、郎中等十四阶，南宋又续增数阶。时人遂尊称医生为'大夫'，后世沿称之。"顾炎武《日知录》卷二十四《郎中待诏》中云："北人谓医生为大夫，南人谓之郎中……其名盖起于宋时。"顾炎武认为，叫大夫是北方方言，叫郎中是南方方言，是宋代以来的词语。但是敦煌出土 S.5435 号《不知名医方第四种残卷》载："早年于李毅郎中处施惠。"此为五代写本，这就打破了顾炎武的结论——把医人叫郎中起码自五代时已有。

仆人对主人的称谓：称主人为主、主君、郎主、大家翁。也可以按照"行第＋郎"称呼主人。清代赵翼《陔余丛考》甚至认为，后世把尊贵人称为"老爷"就是从唐朝开始的，他列举了高力士的例子：当时高力士很受皇帝信赖，太子都叫他"爷"。赵翼认为这就是把尊贵者称为"爷"的开端。但是这个说法存疑，因为唐代并未见"老爷"一词的使用。

另一个词义发生变化的是员外，唐代已设置"员外"官，但并没有用"员外"代指土财主的意思。唐以后，才出现将富裕大家的主人称为"员外"。

仆人称女主人可称"娘子"，例如《朝野佥载》载："梁仁裕为骁卫将军，先幸一婢，妻李氏甚妒而虐，缚婢击其脑。婢号呼曰：'在下卑贱，势不自由。娘子锁项，苦毒何甚！'"即为此例。

主人家的儿子，可称为"公子"，或者"行第＋郎"；主人家女儿可以"行第＋娘"称呼。至于"小姐"，这个词在唐代还不存在。

一般性的称谓：对对方的称谓最常见的是"君"，这个词是普遍使用的。当然，还可以称"子""公""足下"。那时候已经出现"你"这个字了，偶尔也见"您"，但此时的"您"的用法和今天不一样，没有表示尊重的意思，就是"你"的俗字，明代字书《篇海类编》解释"您"字："你也，俗字。"可见到明朝，"您"还是被作为"你"的俗字对待。称呼对方家人，往往加"尊""贤""令""大"等以示尊敬。男子可自称为"某""仆""吾""鄙人"，而"我"这个字那时也使用，只是远没有现在普遍。女子除了同后世那样谦称为"奴"外，还有自称为"儿""某""妾"的。

唐人还经常以行第称呼别人，而且行第以其家族叔伯兄弟排行为主，例如杜甫《寄彭州高三十五使君适、虢州岑二十七长史参三十韵》，高适排行三十五，岑参排行二十七。韩愈有《次潼关先寄张十二阁老使君》，写给华州刺史张贾，因其在家族中行第十二。另外，因张贾曾任门下省给事中，故被称为"阁老"，这是对张氏前任官职的称呼，而使君则是对其现任官职刺史的尊称。

牛志平《唐人称谓述略》总结对百姓的称谓，常见有布衣、短褐、野人、老竖、苍生、贱子、鄙叟、庸夫、奴才、小儿；称男子为君、子、公、郎、郎君、相公；女子则有鸦头、侍女、室人、愚妇、婢妾等称呼。

第四章

食在大唐

牛肉和猪肉的艰难选择

猪肉在中国历史上长期不能占据主流，羊、狗、鱼等地位一直在其上。不喜欢猪肉的原因，大约第一是嫌弃其污秽，这与当时养猪方式有关：猪圈与厕所往往联为一体。（见图 4-1）第二，医家对猪肉评价甚低，认为其会害人中风。到了宋代，苏东坡等大力推介猪肉，但直至明清，猪才后来居上。

在唐代，人们也认为猪肉不是好东西，唐孙思邈《千金方》载："猪肉久食，令人少子精，发宿病。豚肉久食，令人遍体筋肉碎痛乏气。"《说郛》曾经记载过五代时期发生的一件事情，当时有个官员叫李载仁，此人是唐朝皇室宗亲后裔，性格比较迂腐。有一次，他看见两个部下打架，要惩罚这两个人。他本人最不爱的食物就是猪肉，于是他命人从厨房拿来了

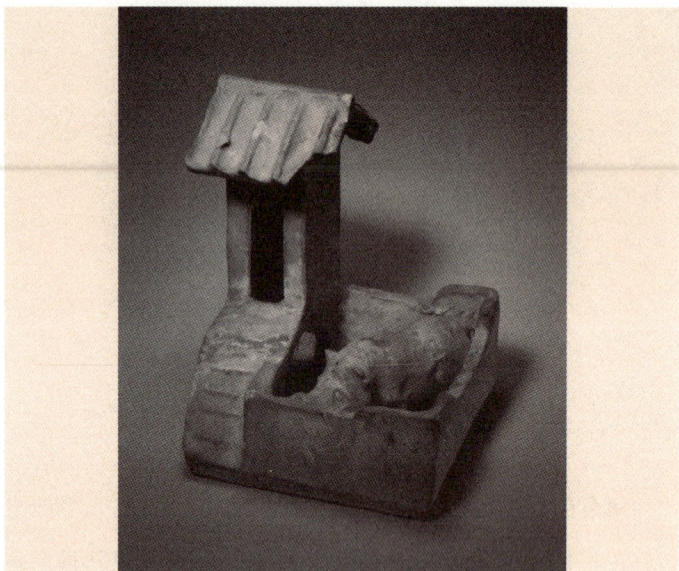

· 图 4-1　陶绿釉猪圈

一些猪肉，让这两个部下当场吃下去，之后还跟这两人说：你们要是再敢犯的话，我就在猪肉中给你们加酥。现在听到这个故事的人没有不发笑的。相信有这样解馋的惩罚，从此以后他的部下打架一定会屡禁不止。

唐人也吃牛肉，但是有一部分人抵制吃牛肉，原因我们都能想到，保护耕牛。对于我们汉族这个传统的农耕民族来说，牛跟其他动物不太一样，是我们的朋友，我们的衣食都倚仗于它。

《太平广记》里就记载了很多吃牛肉遭报应的故事。有个叫王昙略的人，他是专门杀牛的。有一次，杀牛时遇牛反抗，他一怒之下，拿刀去扎牛的眼睛，结果不一会儿他自己的眼睛开始流血。晚唐时期，有一对夫妻吃牛肉很贪心，一天之内吃了一、二十斤牛肉，活活给胀死了。《大慈恩寺志》中也记载过，有一个士人爱吃牛头，结果也遭到了报应，他的两只脚最后都烂掉了。

唐人编这些故事，其实就是为了吓唬那些爱吃牛肉的人，从而起到保护耕牛的作用。

李白喝的是什么酒？

　　我们熟悉的唐诗中，有很多关于酒的佳作，李白《少年行》中有"五陵年少金市东，银鞍白马度春风。落花踏尽游何处，笑入胡姬酒肆中"。杜甫的《饮中八仙歌》也写道："李白一斗诗百篇，长安市上酒家眠。天子呼来不上船，自称臣是酒中仙。"那么下面我们来探讨一个重要的问题，李白喝的到底是什么酒呢？

　　李时珍说："烧酒非古法也。自元时始创其法，用浓酒和糟入甑，蒸令气上，用器承取滴露。凡酸坏之酒，皆可蒸烧。近时惟以糯米或粳米或黍或秫或大麦蒸熟，和曲酿瓮中七日，以甑蒸取。其清如水，味极浓烈，盖酒露也。"（《本草纲目》卷二十五）李时珍所描述的就是现代常见的白酒，又名火酒，取其浓烈入喉如火烧的意思。元代还把白酒叫作阿剌吉酒，《雍熙乐府·一枝花·咏烧酒》中记载："甜甘甘甜如蜜脾，萃浸浸萃似姜汁，若赏，到席，黄封御酝都回避，馺馲家呼为阿剌吉，声播华夷。"阿剌吉是一个外来语，也暗示中国白酒制作技法来自域外。

尽管李约瑟等学者认为西夏或者唐代已有蒸馏白酒，但我还是倾向于李时珍的记载，即元以后才有蒸馏白酒。唐代有"烧酒"一词，也有"白酒"一词。有关杜甫之死，正史本传中均记载是死于公元770年夏，在耒阳被水困数日，聂县令送"牛肉白酒"，杜甫吃得过多而死。（郭沫若《李白与杜甫》认为其死于食物中毒，冯至《杜甫传》指出杜与聂并未见面即离开，770年冬尚有诗作，足见并非死于牛肉白酒，而是半年后卒于潭、岳之间。正史说法来自《明皇杂录》的误记。）

很多人据此认为唐代有蒸馏酒，这是不准确的。古人用词从来不求概念精准，此处烧酒究竟指浓度比较高的酿造酒还是现代意义的白酒，论述者并没有明确的证据来说明。还有说法，唐代烧酒是通过慢慢加温的方式给酒脱糖杀菌，与今天的烧酒没有关系。至于唐人嘴里的"白酒"一词，很可能指的是颜色发白的米酒。另外还有种可能，白是清澈之意，白酒类似日、韩清酒，汉语概念有时不求精确，"清澈"常被称为"白"，例如"白开水"。

有关元代以前中国已有蒸馏酒，最重磅级的论述来自英国著名学者李约瑟《中国科学技术史》第四卷。在这本书里，李约瑟注意到了甘肃榆林窟第 3 号窟内的一幅西夏壁画，见图4-2：

这幅图中的一个塔状物，被李约瑟认定为目前已知的中国最早的蒸馏器，旁边的管状物被认定是蒸馏器的冷凝管，进而得出结论：这是一个制作白酒的场面，中国起码自北宋西夏已有白酒。试想一下，要是当时已有白酒，按照技术发展规律来说，如此大型的"蒸馏器"必须有一个从低级到高级、从简

· 图 4-2 甘肃榆林窟第 3 号窟西夏壁画（1）

单到复杂的过程，那么要说唐代已有蒸馏酒也就很有可能了。但是争议始终存在。李约瑟是著名的学者，他的《中国科学技术史》也是一部皇皇巨著，但是李约瑟的很多研究成果也并非毫无瑕疵，常有批评者认为他有时下结论过于仓促，有关这个"蒸馏器"的结论也是有问题的。这幅壁画只是 3 号窟壁画的一部分而已，而图 4-3 这幅壁画恰恰是图 4-2 对面墙壁上的，但是被李约瑟忽视了。

我们可以看到，这幅图也有和上图中几乎一模一样的塔状物，但却冒出烟（蒸汽），而且也不见所谓冷凝管，因此有人说这两幅壁画描绘的不过是一对蒸笼罢了。

有关这个问题，可参看黄时鉴先生的《阿剌吉与中国烧酒

·图 4-3 甘肃榆林窟第 3 号窟西夏壁画（2）

的起始》和《中国烧酒的起始与中国蒸馏器》这两篇文章（《东西交流史论稿》，上海古籍出版社，1998 年版），他坚信李时珍的记载，认为元朝以前有关"烧酒"的记载皆不能明确肯定为蒸馏酒。李华瑞《宋代酒的生产和征榷》指出南宋已有制作蒸馏酒的"烧器"，即蒸馏器，而且认为中国蒸馏器的制作工艺是继承商周甑釜的传统工艺而来，不是受西域影响。黄先生承认中国很早就有蒸馏器，他注意到了马承源《汉代青铜蒸馏器的考察和实验》（《上海博物馆集刊》第 6 期，上海古籍出版社 1992 年版）有关汉代蒸馏器的论述，但认为那时的蒸馏器很简单，而且主要是用于道教和巫术活动，取其露雾而已，认为有蒸馏器就一定会被用来制作白酒毫无疑问是一种不足取的思维模式，强调它在元朝才用于制酒，并且有较大改进。

在这里简单谈一谈我对中国古代技术发展的看法。中国古代有技术无科学，所以中国古人虽然非常聪明，有很多伟大的发明（中国伟大的发明远不止四大发明那么简单），但极少上升到理论层面，而且"教会徒弟饿死师父"，技术阶层保密现象严重，所以技术阶层内部也缺乏对话的平台，这样就导致各种技术发明无法汇聚，进而上升到理论层面，而且容易失传。因此看待中国传统技术发展史上的各种成就必须坚持"点、线、面结合"的原则，要明了传统技术曾经达到过的高度（所谓各个"点"），又要顾及中国传统技术"经验科学"的特色以及私相传授的传承模式（所谓"线"），还要考虑这项技术是否得到发扬光大，并且转化成公共技术，从而对技术的发展和社会福祉产生重大影响（所谓"面"）。并非所有的技术成就都经历过"点—线—面"的历程，有时"点"永远是"点"，并没有对中国传统技术发展和全社会产生深远影响，这也就是我们经常慨叹古人某项发明无比高妙，进而又慨叹为何没有流传至今的原因。蒸馏酒的问题也是这样，否则不会有博学如李时珍者也认为白酒是外来物的。

茶香一缕

　　中国给世界农业做出过四大重要贡献：稻米、蚕桑、大豆、茶叶。而全民饮茶风气正是从唐代正式开始的。

　　在过去的一百多年里，关于茶树原产地的问题，在国际学术界是有争议的，有的学者依据在印度东北部阿萨姆地区发现了的野生茶树，认为大叶种茶树原产于印度，小叶种茶树原产于中国。但是在一百万年前的第三纪时，我国西南部云贵高原的原始森林中已有大量的山茶属植物，包括大叶型茶树分布。另外，云贵川一带是世界上山茶科植物分布最多的区域，在已知山茶科植物 23 属中占有 15 属共 260 多种，山茶科植物的密集分布和野生大茶树的成片发现，这些都是中国是茶树原产地的有力证据。

在陕西汉阳陵出土的西汉茶叶是世界上目前已知最早的茶叶，很多人说这就是西汉人饮茶的一个强有力证据。但是且慢，这是茶叶没有问题，问题在于——此时的茶叶是饮品吗？

我认为此时的茶叶可能是作为一种蔬菜来食用的，没有充分证据证明是饮品。

这样说的原因是：

第一，此时的医书等文献中的确提到了茶，也就是茶，但是并没有饮茶的过硬证据。

第二，汉阳陵的茶出土地点值得玩味。它出现在汉阳陵陪葬坑"太官坑"中，太官在汉代官僚体系中是负责皇帝膳食的。这个坑相当于一个地下随葬的食品库，与茶叶一起出土的是腐烂的粮食，茶叶似乎只是众多食物中的一种。

第三，说汉代有饮茶的人经常引用的一段史料是《僮约》，它记载了汉朝时，蜀人王褒来到一位妇女家里做客，遇到一个极其不听话的奴仆便了，一怒之下要求女主人把这个奴仆卖给自己。便了说没有契约不行，王褒就写了这一份《僮约》，也就是主仆协议，明确规定了奴仆必须干的活和生活待遇。"蜀郡王子渊，以事到湔，止寡妇杨惠舍。……园中拔蒜，斫苏切脯。筑肉臛芋，脍鱼炰鳖，烹茶尽具。……牵犬贩鹅、武都买茶。"

这里的确提到"烹茶尽具""武都买茶",但是联系上下文,给人的感觉指厨房里的烹饪劳作,茶更像是菜而不是饮品。虽然"茶"的确是茶叶别名,但南宋人章樵认为《僮约》中的茶为苦菜,并不是后世意义上的"茶"。顾炎武《日知录》也认可这种说法,但又认为"武都买茶"买的是"茶",该书卷七:"王褒《僮约》前云炰鳖烹茶,后云武都买茶。注以前为苦菜,后为茗。"方健《"烹茶尽具"和"武都买茶"考辨——兼与周文棠同志商榷》认为:"苦菜又名游冬,是一种可食蔬菜。因为王褒不可能在规定僮仆客来打酒,准备菜肴的一段文字中,突然插入煮茶一事。而且西汉是否有客来敬茶习俗,尚不见任何史料和出土文物证实。"其实东汉成书的《神农本草经》也有把茶叫作苦菜的记载:"苦菜味苦寒。主治五藏邪气、厌谷胃痹。久服安心益气,聪察少卧,轻身耐老。一名茶草,一名选。生川谷。"这里有两种可能:一、茶就是苦菜(游冬),那这样的话《僮约》就与茶毫不相干,方健《刍议茶的起源》(《中国农史》1991年第3期)就是这样的观点。二、苦菜和茶都是今天茶叶的古老称谓,只是后世的苦菜"侵占"了原来的"苦菜"的定义。

但不管怎么样,《僮约》中的记载都不能作为西汉把茶叶当独立饮品的证据。到了西晋,茶可能已被作为饮品使用,西晋杜育的《荈赋》中即有载："灵山惟岳，奇产所钟。厥生荈草，弥谷被岗。承丰壤之滋润，受甘灵之霄降。月惟初秋，农功少休。结偶同旅，是采是求。水则岷方之注，挹彼清流；器泽陶简，出自东隅；酌之以匏，取式公刘。惟兹初成，沫沉华浮。焕如积雪，晔若春敷。"（上海古籍出版社1982年版汪绍楹校《艺文类聚》卷八十二）此处的"荈"，即为茶。

西晋还有关于茶粥的记载，"闻南市有蜀妪，作茶粥卖之"（《北堂书钞》一四四），记录了一位蜀中妇人用茶叶做茶粥。但不论是作为饮品还是做成茶粥，那个年代关于饮茶的记载很少，与关于饮酒的记载之浩如烟海形成强烈对比，可见茶在当时并非特别盛行之物。

除此之外，茶叶还可入药，《医心方》引《经心方》介绍"治齿龈间血出方"："取茗草浓煮汁，勿与盐，适寒温含漱，竟日为之，验。"原注：茗，茶也。按《经心方》作者为唐初北方人宋侠，可见唐代初期北方仍用茶叶入药。浓茶漱口治牙龈出血的方子现在还在用。

在唐前期的孟诜眼里，茶叶就是药物和食材。《食疗本草》卷上："茗叶，利大肠，去热解痰。煮取汁，用煮粥良。"这是当作菜用，"又，茶主下气，除好睡，消宿食，当日成者良。蒸、捣经宿。用陈故者，即动风发气。市人有用槐、柳初生嫩芽叶杂之。"这一条告诉我们，当时世人已经明确了茶叶提神的功能，但是强调需使用新鲜茶叶，后来茶叶工艺中的炒晒工序在这里尚没有体现。同时，作者还强调茶叶如果陈旧，食用会对身体不利。

不过这种略带苦味的饮品实在难以引起习惯醇酒厚味的士大夫尤其是北方士大夫的兴趣。故魏晋名士虽多，但所咏颂者多是美酒，涉及茶茗者很少。饮茶甚至还曾一度成为北方人嘲笑南方人的槽点。那时南北方分裂，互相嘲笑乃是常事，也是个锻炼口才的好机会。南北各有一大批冬烘先生整日推演五行，力证本方为正朔。北方人骂南方人为"岛夷"，意即大海一围，长江再一横亘，南方形同一孤岛。南方人则称北方人为"索虏"，意思是带辫子的蛮虏。

甚至连生活、饮食习惯也可以成为相互嘲笑的把柄，南人秉承中原传统，称北人饮食为"腥膻"；北人则嘲笑南人喝茶的习惯。北魏后期梁朝大将陈庆之过五关斩六将攻入洛阳，"白袍将"从此扬名立万，然此君笨嘴拙舌，辩论中输给了北魏大臣杨元慎。杨在军事上不敢公开反对陈，故在口舌上争一时之快，其中饮茶竟也成了南人把柄。二人对话见于《洛阳伽蓝记》卷二"景宁寺"条，文曰："元慎即口含水噀庆之曰：'吴人之鬼，住居建康，小作冠帽，短制衣裳。自呼阿侬，语则阿傍。菰稗为饭，茗饮作浆。……急手速去，还尔扬州。'庆之伏枕曰：'杨君见辱深矣。'"从衣裳到语言再到饮食，杨元慎将南人批了一个体无完肤。这其中就讽刺南人"茗饮作浆"，此茗即茶也。此时饮茶俨然是南方人生活陋习的象征。

但此时变化已经在悄悄孕育。味蕾的喜好从来都有个由直线到婉转的过程，一开始多追求香、甜、软滑，慢慢地，开始能欣赏苦涩中的醇厚、凛冽中的甘美、粗粝中的细腻。吃腐乳、哑鱼头皆是如此，饮茶也不例外。隋唐之前中国文化经历了魏晋玄学的洗礼，"越名教而任自然"之风大盛，纵情山水成为时尚，隋唐时期的人们已经开始能静下心来细细品味自然界赋予的酸甜苦辣了。

茶开始登场了。

《封氏闻见记》卷六："茶，早采者为茶，晚采者为茗。《本草》云：'止渴，令人不眠。'南人好饮之，北人初不多饮。开元中，泰山灵岩寺有降魔师大兴禅教，学禅务于不寐，又不夕食，皆许其饮茶。人自怀挟，到处煮饮。从此转相仿效，遂成风俗。自邹、齐、沧、棣，渐至京邑。城市多开店铺，煎茶卖之，不问道俗，投钱取饮。其茶自江淮而来，舟车相继，所在山积，色额甚多。"这段记载说的是，当时在山东有一位高僧教人打坐坐禅，但坐禅时规定不能睡觉，另外僧人过午不食，这样到了下午人就没有精神。在这种情况之下，禅师鼓励人喝茶，因为他发现茶叶有一种功效——提神，他的这帮徒弟们就开始喝茶，逐渐这种风气蔓延到了整个山东地区，然后由山东地区逐渐传到长安，由长安再传到全国。换句话说，饮茶与佛教的传播有一定的关系。至少从唐中期开始，中国人就开始了全民饮茶。

《旧唐书》曾经就唐代饮茶的风习，有过一段生动的描述，说："茶为食物，无异米盐，于人所资，远近同俗，既祛竭乏，难舍斯须，田间之间，嗜好尤切。"意思是茶是食物，跟米和盐没有什么区别，老百姓一刻也不能离开它。

而在一份出土的敦煌文书中，也有关于茶的记载。

这件唐代女性手书的家信名为《二娘子家书》，安徽博物馆藏。纸本，纵31厘米，横43.4厘米，19行，残。关于它的成文年代，有争议，有学者认为是天宝时期的。文字节录如下："二娘子自离彼处，至今年闰三月七日平善与天使司空一行到东京。目下并得安乐，不用远忧。今则节届炎毒，更望阿嬢、彼中骨肉各好将息，勤为茶饭。"（见图4-4）

可以看到这位女性离家远行到了洛阳，十分牵挂家人，叮嘱母亲和姐妹，"各好将息，勤为茶饭"，"茶"和"饭"并列，可见茶的流行程度。

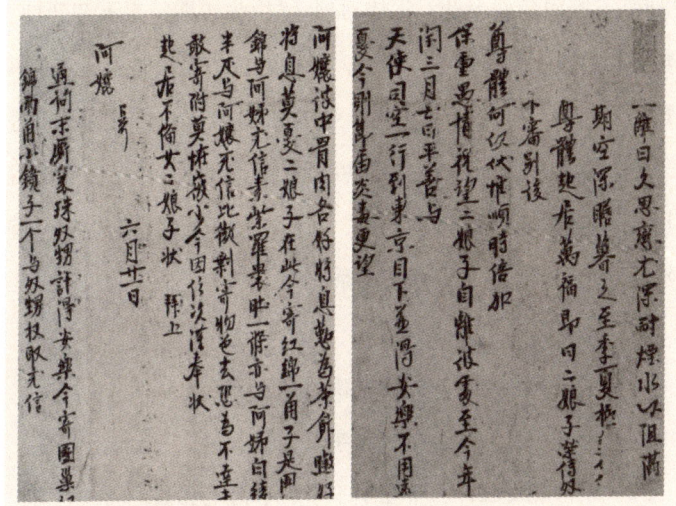

· 图 4-4 敦煌文书《二娘子家书》

　　日本圆仁和尚《入唐求法巡礼行记》里面也有三十四条关于喝茶的记载，他是在唐代后期的唐文宗、武宗时游历中国的，他的记载可以反映出那时中国饮茶风气的浓厚：来到寺庙，和尚请他喝茶；别人送礼，送"细茶"；进入官府，人家请喝茶；临行送别还是请喝茶。从他的记载可以看出，那时茶已经是日常饮品，而且是待客常用物，这一点与今天已经别无二致。而且人们还注意到了饮茶与长寿之间的关系，《南部新书·辛》记载："大中三年，东都进一僧，年一百二十岁。宣

·

119

皇问：'服何药而至此？'僧对曰：'臣少也贱，素不知药性。本好茶，至处唯茶是求。或出，亦日遇百余碗；如常日，亦不下四五十碗。'因赐茶五十斤，令居保寿寺。"这位长寿僧人每日需饮茶至少四五十碗，多时可至百碗。如此饮茶，已经够得上《红楼梦》里所说的"饮牛"的标准了。唐代卢仝曾有一首名诗叫作《走笔谢孟谏议寄新茶》：

> 一碗喉吻润，两碗破孤闷。
>
> 三碗搜枯肠，唯有文字五千卷。
>
> 四碗发轻汗，平生不平事，尽向毛孔散。
>
> 五碗肌骨清，六碗通仙灵。
>
> 七碗吃不得也，唯觉两腋习习清风生。

这首诗将饮茶数量及饮茶时的感受一步步描写了出来，非常有趣幽默。而且从诗中看来卢仝的饮茶量也是很大。

还有无数的诗人留下了关于茶的诗：

杜甫《巳上人茅斋》："枕簟入林僻，茶瓜留客迟。"

项斯《早春题湖上顾氏新居二首》："劝酒客初醉，留茶僧未来。"

韦应物《简寂观西涧瀑布下作》："茶果邀真侣，觞酌洽同心。"

刘禹锡《浙西李大夫述梦四十韵并浙东元相公酬和斐然继声》："茶炉依绿笋，棋局就红桃。"

白居易《麴生访宿》："村家何所有？茶果迎来客。"

可以看到，茶在此时已经成了待客的必备手段，而且多以瓜果梨桃相配合，这与现代待客也没太大的区别。

另外，唐宋还盛行茶丸，《禅苑清规》等记载饮茶程序：

1.烧香；

2.请吃茶；

3.发茶丸；

4.再请茶；

5.收茶具。

但是茶从开始的作为食物原料，到慢慢变成单一的饮品，还是经历了一个漫长的过程。魏晋隋唐是煮茶，将茶叶做成茶饼，煮前碾碎，法门寺地宫出土的茶具中就有鎏金茶碾子，专门用来碾茶的。煮茶要加上许多佐料，"或用葱、姜、枣、橘皮、茱萸、薄荷之等，煮之百沸。"（陆羽《茶经·六之饮》）所以此时"直线"与"婉转"还在一个碗中进行着激烈的争斗。

另外关于饮茶，唐朝还有一个重要的人物即茶圣陆羽，他写了世界上第一部茶学专著《茶经》，被尊称为茶圣。（见图4-5）

· 图 4-5 元·赵原《陆羽烹茶图》局部

《唐国史补》记载："竟陵僧有于水滨得婴儿者，育为弟子，稍长，自筮，得《蹇》之《渐》，繇曰：'鸿渐于陆，其羽可用为仪。'乃令姓陆名羽，字鸿渐。羽有文学，多意思，耻一物不尽其妙，茶术尤著。……羽于江湖称'竟陵子'，于南越称'桑苎翁'。与颜鲁公（颜真卿）厚善，及元真子张志和为友。羽少事竟陵禅师智积，异日在他处闻禅师去世，哭之甚哀，乃作诗寄情，其略云：'不羡白玉盏，不羡黄金罍。亦不羡朝入省，亦不羡暮入台。千羡万羡西江水，曾向竟陵城下来。'贞元末卒。"

这里提到陆羽是个孤儿，被竟陵一位僧人在水边发现，将他收养起来，起名叫陆羽。陆羽文学才干优异，而且特别喜欢钻研事物，钻研茶道尤其有心得，卒于唐德宗贞元年间。

陆羽在唐代民间就已经被视为神了。晚唐江西某驿站有吏迎接刺史视察，来到酒库，门外画有一神，刺史问何神，对曰"杜康"；来到茶库，又有一神，对曰"陆鸿渐"（陆羽）。刺史大喜。然后来到菹库（酱菜库），门上又有一神，问何神，对曰"蔡伯喈"（蔡邕），只因其姓蔡（菜），刺史大笑。

《唐国史补》还提到一个有趣的民俗，陆羽被茶商、茶行奉为神，"巩县陶者多为瓷偶人，号陆鸿渐，买数十茶器得一鸿渐，市人沽茗不利，辄灌注之"。河南巩县在当时是有名的陶瓷产地，当地生产一种陆羽小瓷人，有来买茶具的人，买的量大就赠送一个陆羽像。茶叶商们把陆羽像供在店内，今天生意好就一切好；生意不好的话，商人们就一瓢开水浇下去。类似于祈雨不得则"伐神"的行为，这也是国人宗教信仰的另一种展现。（见图 4-6）

唐代的饮茶程序，陆羽有过记载，他所推崇的模式是这样的：

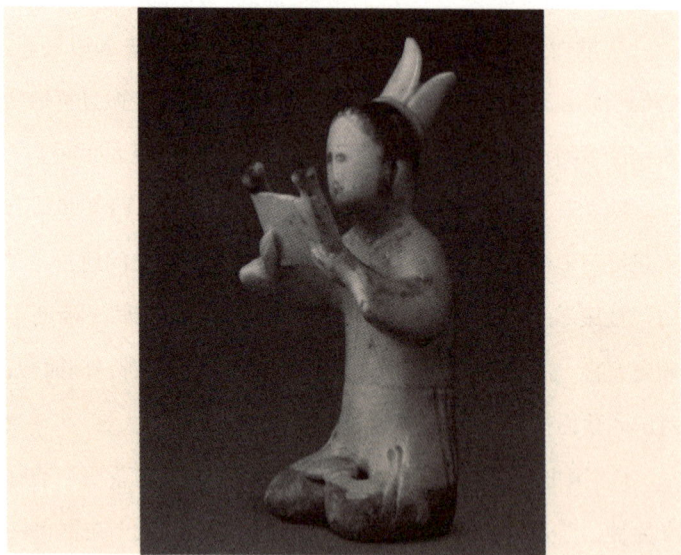

· 图 4-6 陆羽小瓷人

制茶，经过炙、碾、罗三道工序，做成待烹的茶末，存放在盒子里备用。

选水，选用山水或江河水、井水放到锅中。"用山水上，江水中，井水下。……其江水，取去人远者。井取汲多者。"（《茶经》）

第一沸时，加入盐调味。第二沸时，舀出一瓢开水，用竹筴搅动形成水涡，用量茶小勺量取茶末，投入水涡中心，再加搅动。第三沸时，将原先舀出的水倒回去，使开水停沸，生成泡沫，此时把茶沫中黑色的一层水膜去掉。"沫饽，汤之华也。"（《茶经》）

酌茶，凡煮水一升，酌分五碗，乘热连饮之。"

品茶。

《唐人宫乐图》可能就是唐人饮茶场景的复原。此画年代有争议（原名《元人宫乐图》，宋人摹本，后有学者考证为中晚唐时期情形，改名《唐人宫乐图》），但大致可反映唐宋饮茶风气。后宫女性十二人围坐，或品茗，或行酒令，或奏乐。

方桌中央有茶釜，画幅右侧中间一名女子手执长柄茶杓，正在将茶汤分入茶盏里。她身旁的那名宫女手持茶盏，对面的一名宫女正在品茶，可以说这是典型的"煎茶法"场景的重现。（见图 4-7）

·图 4-7 唐·佚名《唐人宫乐图》

有关唐代茶叶产地，跟现在是有很大不同的。陆羽在《茶经》中提到：

山南以峡州上，襄州、荆州次，衡州下，金州、梁州又下。

淮南以光州上，义阳郡、舒州次，寿州下，蕲州、黄州又下。

浙西以湖州上，常州次，宣州、杭州、睦州、歙州下，润州、苏州又下。

剑南以彭州上，绵州、蜀州次，邛州次，雅州、泸州下，眉州、汉州又下。

浙东以越州上，明州、婺州次，台州下。

黔中生思州、播州、费州、夷州，江南生鄂州、袁州、吉州，岭南生福州、建州、韶州、象州。其思、播、费、夷、鄂、袁、吉、福、建、泉、韶、象十一州未详，往往得之，其味极佳。

我们可以看到，陆羽推崇的是峡州、光州、湖州、彭州、越州等地的茶叶，我们现在所推崇的杭州、福建茶叶在那时候并不受到特别推崇，只是提了一句福州、建州、泉州的茶叶有时候也不错。

《唐国史补》还记载了当时名茶的名字："剑南有蒙顶石花，或小方，或散牙，号为第一。湖州有顾渚之紫笋，东川有神泉、小团、昌明、兽目，峡州有碧涧、明月、芳蕊、茱萸簝，福州有方山之露牙，夔州有香山，江陵有南木，湖南有衡山，岳州有灉湖之含膏，常州有义兴之紫笋，婺州有东白，睦州有鸠坑，洪州有西山之白露，寿州有霍山之黄牙，蕲州有蕲门团黄，而浮梁之商货不在焉。"

咱们老百姓说"开门七件事，柴米油盐酱醋茶"，这一说法自宋代就已经有了，南宋时期的《梦粱录》说："盖人家每日不可缺者，柴、米、油、盐、酱、醋、茶。或稍丰厚者，下饭羹汤尤不可无。虽贫下之人，亦不可免。"宋代卖茶引，这是政府财政收入的一大来源，茶叶变得越来越重要。由中国开始，饮茶的风气传播到了全世界，在全世界而言，茶叶是和咖啡相提并论的饮品。茶叶这种不起眼、略带苦涩的小小叶片，从汉代发轫，至唐代开始香味四溢，一直绵延到今日。

第五章

大唐书法

隋末唐初：名家辈出

在中国书法史上，隋唐是一个关键的节点，这个时期不仅名家辈出，而且整个社会书法水平都相当高。老百姓里也有很多书法高手。《中国书法大辞典》所载唐代的书家就有1250多人，他们来自社会各阶层。同时，这一时期的书法风格和字体也处于一个大转型阶段。

隋朝虽然短暂，但是在38年的时间里，它将南北朝以隶书为主体的书法风格转变为以楷书为主体的风格。隋末唐初，相继出现了以僧智永、虞世南、欧阳询、褚遂良等为代表的书法名家。这中间虽然有的人跨越隋唐两代，但是成长于隋代，书法也是在隋代已经颇有成就了，例如虞世南、欧阳询、褚遂良等。

虞世南、欧阳询、褚遂良均是书法史上的大家，声明煊赫。而这之中，智永可能是最不为大家所熟知的。智永，隋代高僧，本姓王，是著名书法家王羲之的直系后代，擅长草书，名噪一时，《尚书故实》记载说："永公住吴兴永欣寺，积年学书，后有秃笔头十瓮，每瓮皆数千。人来觅书，并请题额者如市。所居户限为之穿穴，乃用铁叶裹之，谓为铁门限。后取笔头瘗之，号为退笔冢，自制铭志。"他很用功，用坏的笔头装了满满十大瓮，每瓮数千个笔头。后来，他还专门给这些笔头做了一个坟。智永所住的永欣寺，由于来求书法的人太多，门槛不得不换成铁皮包裹，否则很快踩坏。

隋代书法承上启下，例如蜀王杨秀《美人董氏墓志铭》上承北朝书体，下启唐朝新风，平正疏朗，字体端严妍美，骨秀肌丰，人称隋志小楷第一，见图 5-1。

《宾退录》卷二记载的米芾论唐代各家书法载："褚遂良如熟驭战马，举动从人，而别有一种骄色。虞世南如学休粮道士，神意虽清而精气疲困。欧阳询如新痊病人，颜色憔悴，举动辛勤。柳公权如深山道人，修养已成，神气清健，无一点尘俗。颜真卿如项羽挂甲，樊哙排突，硬弩欲张，铁柱特立，昂然有不可犯之色。李邕如乍富小民，举动屈强，礼节生疏。徐浩如蕴德之人，动容温厚，举止端正，敦尚名节，体气纯白。

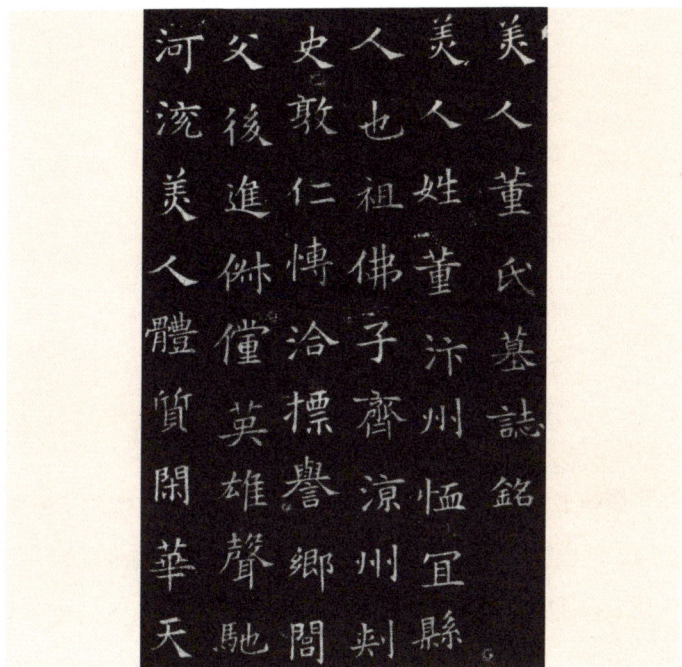

·图 5-1 杨秀《美人董氏墓志铭》

沈传师如龙游天表，虎踞溪旁，神情自如，骨法清虚。"对虞世南的评价是如"休粮道士"，神意虽清但有疲乏之势，所谓休粮又称"却谷""断谷""绝谷""绝粒"。该书还把欧阳询比喻为"颜色憔悴，举动辛勤"的大病初愈的病人。

初唐:《萧翼赚兰亭图》

　　唐朝书法的兴盛,与官方的推动密不可分,按照《法书要录》的说法,唐高祖、唐太宗、武则天等都是书法高手。其中唐太宗是助推唐代书法的主要人物,他本人擅长飞白书、楷书,而且对王羲之的书法推崇备至,全国范围内重金收购二王书法作品,还让冯承素、褚遂良、赵模临摹,分发给群臣。

　　唐代官府"书手"一职的设置比隋朝更加齐全,有"楷书""楷书手""御书手""写国史楷书""群书手""令史书手""书直"等。在朝廷的推动下,王羲之的书法地位逐渐得以确立,所以唐初的书法有王右军的风格。

　　说到唐太宗征集二王书法作品,就不得不谈"萧翼赚兰亭序"故事的真伪,《法书要录》记载了这个故事。(见图 5-2)

·图 5-2 唐·阎立本《萧翼赚兰亭图》南宋摹本

据说，当时《兰亭集序》在一个高僧辩才的手里，辩才视如珍宝，在自己的卧房的大梁上凿了一个洞，然后把《兰亭集序》放到里边。

唐太宗听说《兰亭集序》在辩才的手里，于是召见辩才，希望辩才把《兰亭集序》献出来。辩才则说，他早年的确在师父手里见过《兰亭集序》，不过后来不知道怎么就给搞丢了。换句话说他就是不给，唐太宗拿他也没办法。

辩才回去之后，唐太宗还是不甘心，于是找房玄龄出主意。房玄龄推荐了一个官员萧翼来智取。萧翼是个风流才子，聪明能干，他接受了这个命令之后，便假扮成书生，来到了辩才所在的寺庙中，以借宿为借口，几天不走，跟辩才谈古论今。因为萧翼文化水平高，谈吐文雅，辩才很喜欢他。在交谈的过程当中，萧翼还有意无意透露出自己是王羲之的忠实粉丝。因此，辩才觉得和萧翼有共同语言。于是有一天，便把《兰亭集序》取下来给萧翼看。

久而久之，无论是辩才还是他的弟子，都跟萧翼非常熟了，也就对他没有了警惕心。有一天，萧翼趁着辩才外出，借口有东西落在辩才卧房里头，在骗取了辩才弟子的信任后，进入卧房，取走《兰亭集序》，献给了唐太宗。辩才听到这个消息之后，不久就气死了。

那么，这个故事的真伪如何呢？虽然有唐代古籍提到了辩才和萧翼，可是这两个人除了《兰亭集序》的故事，再不见于其他可信的史料的记载，似乎他们一生只发生了这一件事。郭沫若《由王谢墓志的出土论到〈兰亭序〉的真伪》一文认为这事完全是虚构的。梁少膺著《王羲之研究二稿》也认为此说漏洞百出，不可信。祁小春《迈世之风——有关王羲之资料与人物的综合研究》也认为，萧翼和辩才都是虚构人物，只存在于传奇小说的想象之中。那么，赚《兰亭》自然也是假故事。

包括著名的号称阎立本绘制的《萧翼赚兰亭图》那幅画，

也有人指出根本是张冠李戴。

史树青先生《从〈萧翼赚兰亭图〉谈到〈兰亭序〉的伪作问题》认为："这卷画既不是阎立本画的，更不是萧翼赚兰亭故事，而是后人对《兰亭》迷信，给它戴上了阎立本'萧翼赚兰亭'的帽子。"

盛唐和中唐：颜柳风采

　　到了盛唐，尤其是颜真卿时代，书法风格又有变化，宋代黄庭坚总结说："视欧、虞、褚、薛、徐、沈辈皆为法度所窘，岂如鲁公萧然出于绳墨之外，而卒与之合哉？盖自二王后能臻书法之极者，惟张长史与鲁公二人。"他认为包括虞世南、褚遂良、欧阳询都没能摆脱前代书法规则的束缚，唯有到了张旭和颜真卿时代，唐代书法终于自成一统，达到了二王之后的"书法之极"。

　　颜真卿，自成一派，尤其擅长楷书，他的字被称为"颜体"，现在很多孩子学习写字都在临摹他的大作。他的字通常给人以端庄大气、有风骨的感觉。然而，也有例外。

　　图 5-3 中是颜真卿传世作品之一，现藏台北"故宫博物

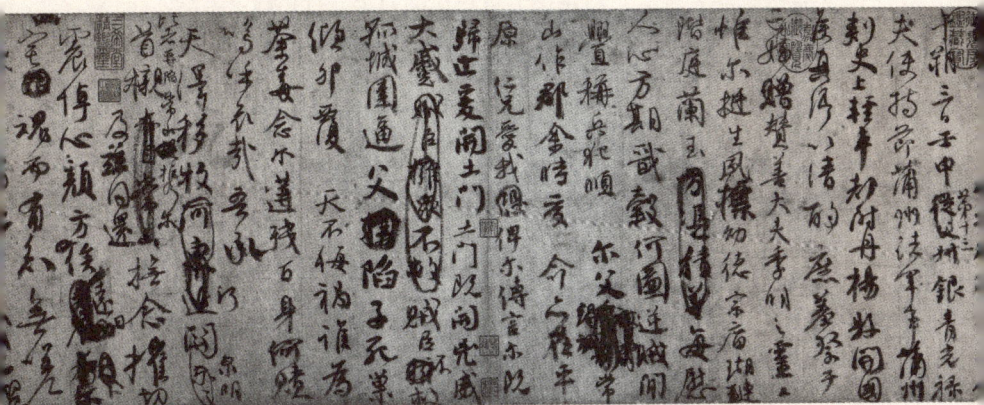

·图 5-3 唐·颜真卿《祭侄文稿》

院"。与大家熟悉的颜体字不一样的是——这是一幅行书，整篇笔走龙蛇，涂涂改改的地方很多，可以感觉到书写时作者应是思绪万千，难以抑制内心的激动。尤其是最后几行，写了又改，改了又写，其悲痛之情，难以言表。最后一句"呜呼哀哉尚飨"，可谓字字泣血。

这是一篇祭文，是颜真卿祭祀侄子颜季明时所写的《祭侄文稿》，颜季明是颜真卿兄长颜杲卿的第三子，在安史之乱中牺牲。他生前协助父亲积极抵抗安禄山叛军，担负着联系常山、平原两郡的重任，在战场上往返驰骋，于常山郡陷落时不

139

幸牺牲。颜真卿派人到战场上寻找他的尸骨，只找到了头颅。亲手将其安葬后，颜真卿在悲愤之余一气呵成，写了这篇《祭侄文稿》。细读这篇文稿，我们不难发现，它最宝贵之处就是充满激情，这份激情使它成为一代名作，号称天下行书第二。

唐中后期写本明显字形方正、结构稳定、笔画的起收及转折处隶意全无，加入较多修饰性笔画，体现出成熟的楷书笔法。

到了唐后期柳公权时期，他的楷书既避"欧体"之劲险，又扬弃"褚体"之柔媚，同时也不像"颜体"那么雄浑肥厚，确立了坚挺、端正、骨架匀称、字形方正的形态。可以说柳公权是楷书标准字型的集大成者。

唐朝官方在机构制度上也很重视书法。

《唐六典》记载："（自汉已来，不见其职。隋置书学博士一人，从九品下。皇朝加置二人。）书学博士掌教文武官八品已下及庶人子之为生者，以《石经》《说文》《字林》为专业，余字书亦兼习之。"隋朝设置了一个前所未有的职位——书学博士，唐代继承，书学博士负责教育八品以下官员和平民子弟，这些学生以后可以参加科举考试，唐代科举中常科考试有"明书"一科，书法写得好可以直接当官。当时朝廷中之崇文、宏文两馆，要求必须"楷书遒美，皆得正样"，诏令文武官员研习书法。官员铨选中也用书法作衡量标准，《新唐书》记载："凡择人之法有四：一曰身，体貌丰伟；二曰言，言辞辩正；三曰书，楷法遒美；四曰判，文理优长。"这里不仅提到书法是四个衡量标准之一，而且必须以楷书为准，因为楷书是官方指定字体。朱新仲《猗觉寮杂记》云："唐《百官志》有书学一途，其铨人亦以身言书判，故唐人无不善书者。"（明谢肇淛《五杂组》）

普通唐人的书法

当然，也不是所有唐代人的字都好。陕西师范大学博物馆藏品中有一张唐代宫女墓志的照片，很有意思，见图 5-4：

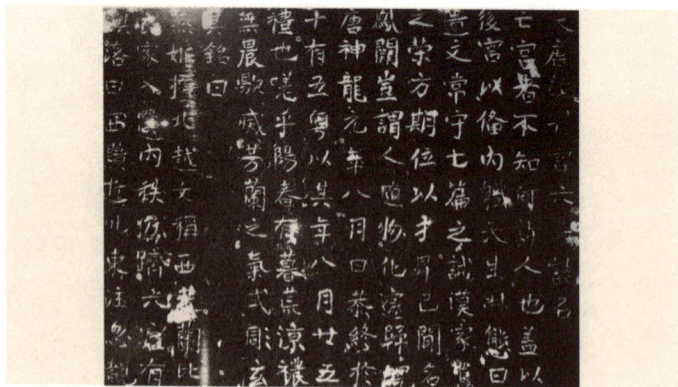

·图 5-4 唐代宫女墓志

类似的唐代宫女墓志已发现多方。墓志上的字，不仅书写难看，而且时间、年龄部分的字体和其他的还不一样。死亡宫女甚至连名字都没有留下，只用"不知何许人也"代替。一言以蔽之，就是当时批量制作的墓志，谁死了就用一块，年龄、时间一填完事儿。彼时宫女的命运，可见一斑。也有人认为，当时制作墓志可能没有书丹，直接用刀刻，所以很难看。

对官府来说，这些宫女的人生不过是填空而已。学者程章灿专门写了一篇文章叫《"填写"出来的人生——由〈亡宫墓志〉谈唐代宫女的命运》(《中国典籍与文化》1996年第1期)，就是根据这样的一批墓志研究唐代宫女的落寞人生。

至于唐代普通百姓的书法，还有不少有趣的例子。

图5-5乃一件西北地区出土的唐代文书，字体非常幼稚，看得出是一个初学写字的孩子写的，而且他面临着古今中外所有孩子的噩梦：错字罚抄写多遍。

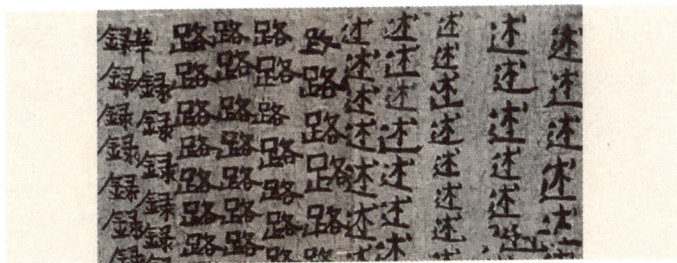

· 图 5-5 敦煌文书，习字册

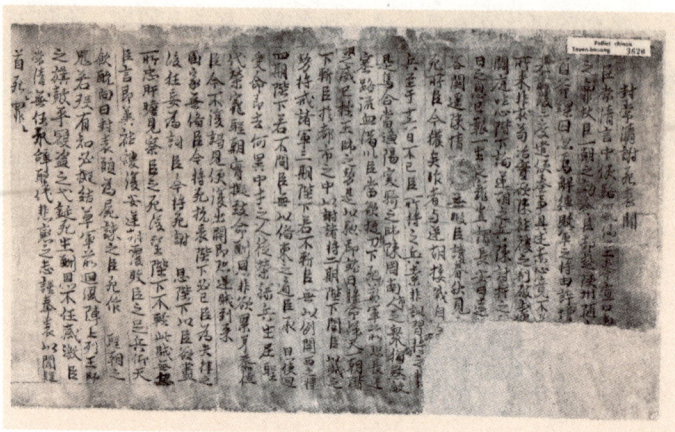

· 图 5-6 张议潮手抄《封常清谢死表闻》

　　而图 5-6 也是一个习字册，它的书写者则是唐代敦煌地区鼎鼎有名的大人物张议潮，当时的他只有十七岁，是吐蕃统治下的一个普通敦煌居民。成年以后的张议潮在唐宣宗时期率领敦煌人民起义，赶走了吐蕃占领者，是归义军的创始者。这份《封常清谢死表闻》，是安史之乱时遭到杨国忠陷害被冤杀的大将封常清临死前给皇帝的上表。封常清在表中痛陈心绪，告诫皇帝不可轻敌，其拳拳之心，天地可鉴。而尚在读书的张议潮抄写这份文书，可谓英雄惜英雄。

敦煌书法：草书与写经生

敦煌是中国草书胜地，比如草书鼻祖、东汉张芝就是敦煌郡渊泉县人，著名草书大家索靖也是敦煌地方大族。敦煌在唐代就有草书能手。

图 5-7《因明入正理论后疏》是敦煌文书中保存较完整的一件，现藏于巴黎国立图书馆，编号 P.2063，现存 446 行，计12478 字。通卷以独草体写成，书法价值甚高。可惜的是我们只知道这文书撰写者是玄奘的学生净眼，书写者的名字没有留下来。

敦煌文书的字体很有特色，唐五代以及宋初的书法，横画多带隶书笔意，典型的如"三""五"等，还有捺画出锋等，这些在敦煌文书中都有典型体现。

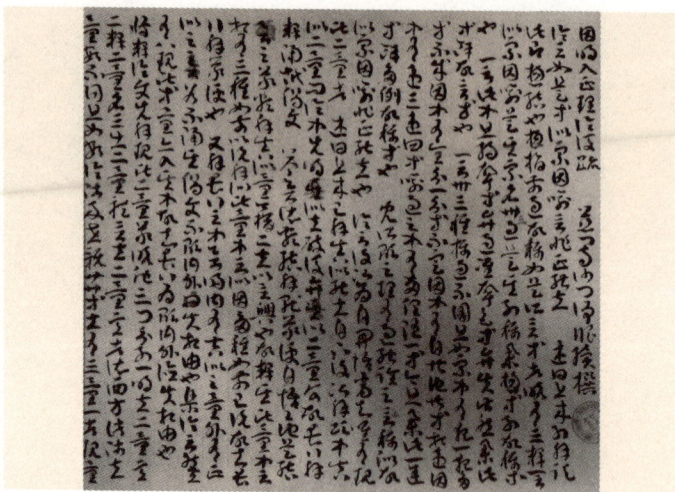

· 图 5-7 敦煌文书《因明入正理论后疏》

敦煌书法作品中很多是写经生的作品，什么叫写经生？就是专门靠给人抄书挣钱的人。因为写的大多是佛经，所以叫写经生，古代称为"佣书"。很多名人落魄时候都当过佣书手，例如东汉末年的公孙瓒、南朝的陶弘景、隋末唐初著名的军阀萧铣年轻时都做过这个职业。唐代虽然发明了印刷术，但是并不普及，大量的书籍还是要靠传抄，假如自己腾不开手，就可以雇佣写经生。这种人又叫抄书手，抄书手有受雇于官方的，例如敦煌出土 P.3278 号《金刚经》残卷末尾题记：

上元三年九月十六日书手程君度写／

用纸十二张／装潢手解集／

初校群书手敬诲／再校群书手敬诲／

三校群书手敬诲／详阅太原寺大德神符／

详阅太原寺大德嘉尚／详阅太原寺主慧立／

详阅太原寺上座道成／判官司农寺上林署令李德／

使朝散大夫守尚舍奉御阎玄道

　　这就是官方写经行为，朝廷组织的宗教活动，可以看出来有抄书手抄写，用纸多少还有标明。唐代的纸还是挺金贵的，所以在敦煌文书中有很多用纸的收纳账，专门记录纸张的领取和耗费。这件《金刚经》应该不是敦煌本地产品，是从长安流传到这里的，可见当时的长安对纸张的管理也很严格。

　　除了抄书手，还有装潢手，还有三遍校对，然后由太原寺高僧负责内容的审定，《唐会要》卷四八记载太原寺是长安的一座佛寺："本侍中杨恭仁宅，咸亨二年九月二日，以武后外氏宅立太原寺。"

　　四次审定之后，署上主管官员司农寺上林署令和监制者的名字。这就是官方写经一整套的程序。

　　另外，还有很多抄书手受雇于民间，敦煌文书中相当一部分出自他们之手。从敦煌文书来看，付给他们的工资可以是钱，也可以是绢帛，甚至小麦、粟、油都可以充作报酬。敦煌文书由于多数是老百姓的作品，所以保留了很多那些高大上的传世书法大家的精品中没有的细节，比如唐代的"涂改液"，用的是雌黄，雌黄是三硫化二砷，经常被当作颜料来使用。因为雌黄在古代多用作涂改液，来涂掉错字，所以就诞生了"信口雌黄"这个词，表示随口更改。图 5-8 这份敦煌文书就出现了雌黄涂改的痕迹：

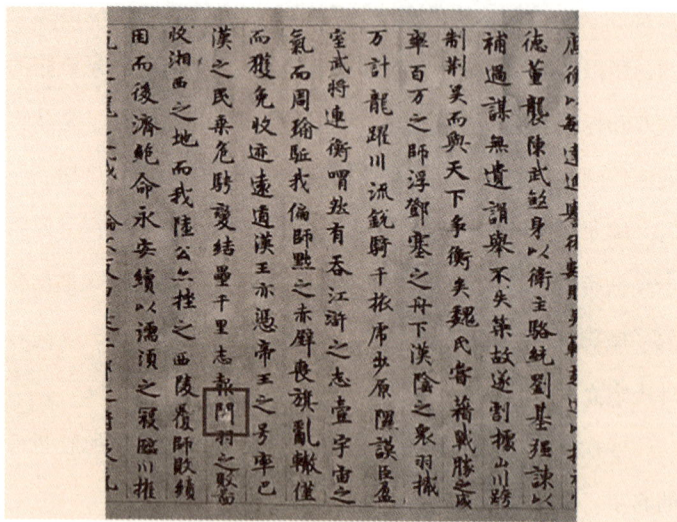

· 图 5-8 敦煌文书，雌黄涂改样本

唐代的纸张与笔

　　另外，纸张的变化也值得注意，敦煌藏经洞文书用纸也有个演变过程。两晋时期，社会上基本普及了用纸，绢帛和竹木简牍逐渐淡出。敦煌文书和绘画起自十六国时期，所以除了少数绢帛作品外，绝大多数都是以纸作为材料的，最初的纸张比较粗劣，隋唐时期，纸张质量有了明显提高，为了防虫防腐，"黄檗（bò）纸"开始大量使用。"黄檗汁染纸法起源于公元二世纪的东汉，刘熙在《释名》中，就把'潢'字解释为染的意思……这种经黄檗汁浸过的麻纸，外观呈黄色或淡黄色，故有黄麻纸之称。黄檗染纸工艺称为"入潢"，"入潢"程序有先写后潢和先潢后写之分。西晋《陆士龙集》卷八载陆云给其兄陆机的信中写道：'兄文为二十卷，适讫一十，当潢之。'

北魏贾思勰在《齐民要术》中详细记述了黄檗浸染技术：'写书经夏，然后入潢，缝不绽解。'"（周宝中《古代保护纸质文物的药物防蠹技术》，《中原文物》1984年第4期）

因为黄檗汁染纸防止虫蠹的行为被称为"潢"，所以就诞生了装潢一词。到了唐宋时期，这种纸张已经成为主流，装潢一词也发展成了装裱书画的代名词。印刷术流行之后，黄麻纸也用到了印刷过程中。南宋又有了椒汁代替黄檗，可能是因为南宋书籍蝴蝶装、包背装增多了，与以前的卷轴不同，这种书翻阅时人们习惯蘸口水，读书人尝过黄檗后觉得太苦，就换成

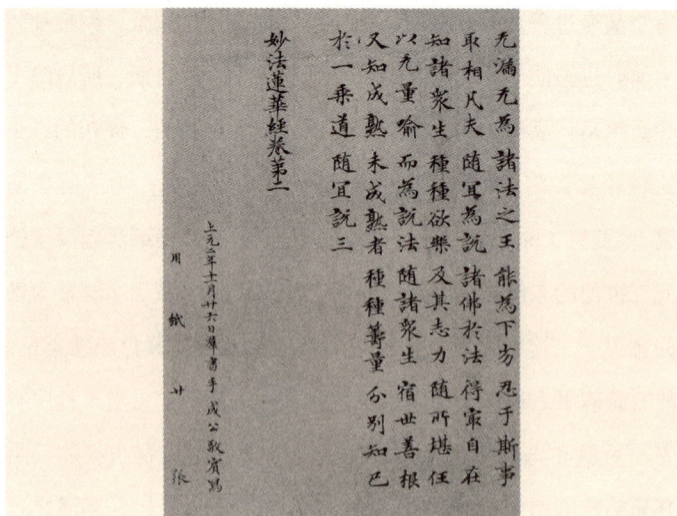

· 图 5-9 敦煌出土《妙法莲华经》写本

不那么刺激但同样可以防虫的椒汁了。

唐代在这种染黄纸的基础上，又发展出新产品，在纸上均匀涂蜡，还要经过砑（yà）光，意思是用光滑的石头碾磨纸张，使纸张紧密光亮。产品光泽莹润，人称硬黄纸。由于纸质半透明，所以还可用于书画作品摹本的制作。敦煌出土的《妙法莲华经》写本，就是用的硬黄纸。见图 5-9。

还有笔的问题，至少从汉代开始中国就已经出现了硬笔，当然不是钢笔、铅笔这种硬笔，而是毛笔的替代物，比如芦苇笔或者竹管笔。图 5-10 就是 1906 年英国著名探险家斯坦因在新疆米兰遗址中发现的双瓣合尖芦管笔。图 5-11 则是 1972 年在甘肃张义堡遗址中发现的双瓣合尖竹管笔，疑似是西夏时期的，图中可以清楚看到笔尖分瓣的样态。

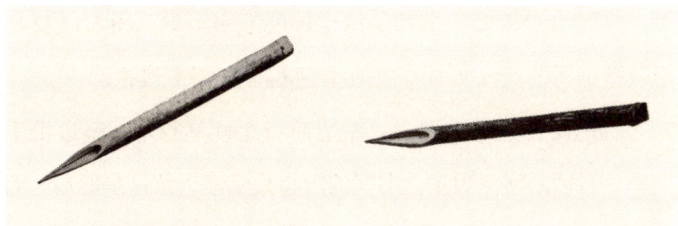

· 图 5-10 新疆米兰遗址出土双瓣合尖芦管笔

· 图 5-11 甘肃张义堡遗址出土双瓣合尖竹管笔

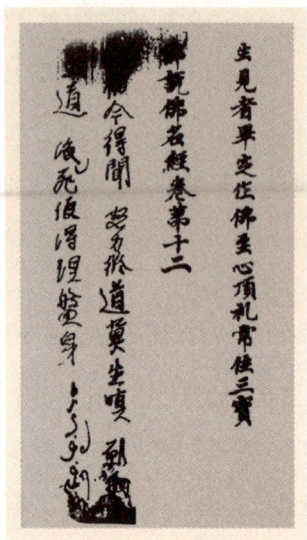

· 图 5-12 敦煌文书《"前生修福得闻"诗》残卷

唐人也有硬笔，在敦煌文书中就发现有芦苇笔书写的文书，那是因为安史之乱爆发之后，唐朝边防军奔赴内地勤王，河西走廊被吐蕃军队乘虚占据，敦煌失去了与内地的联系，贸易自然也中断了。这样，敦煌地区就无法输入制笔的主要原料——竹子，毛笔的制作受到很大影响，于是当地人找到芦苇作替代物，芦苇秆中空，可以吸墨，类似西方的鹅毛笔，虽然容易损耗，但是好在原材料便宜易得，聊胜于无。因此不少敦煌文书就是用这种硬笔书写的。图 5-12 就是用硬笔书写的敦煌文书《"前生修福得闻"诗》残卷。

右边两行是毛笔楷书，左边两行是硬笔行草，笔迹很不一样。右边的字体周正，书写的内容是佛经，估计是原本，而左边的字较为潦草随意，写着一些类似"人生格言"之类的话，估计是某个好事者拿着硬笔随便在佛经上书写了几句。

青楼逸事

第六章

不可否认的是，青楼是唐代文化的重要组成部分。尤其是很多文人逸事与青楼密切相关，因而携妓春游在唐代被视为雅事。这些文人通过自己所掌握的话语权，使得青楼变成了唐代文化不能忽略的内容。

　　"青楼"原本指的是华丽高楼，《晋书》卷八九《麴允传》载："麴允，金城人也。与游氏世为豪族，西州为之语曰：麴与游，牛羊不数头。南开朱门，北望青楼。"《南齐书》卷七《东昏侯本纪》："世祖兴光楼上施青漆，世谓之青楼。"后来又指女子居住之地，曹植《美女篇》："借问女安居，乃在城南端。青楼临大路，高门结重关。"唐代施肩吾《冬日观早朝诗》："紫烟捧日炉香动，万马千车踏新冻。绣衣年少朝欲归，美人犹在青楼梦。"把青楼与妓院正式联系起来的则是风流才子杜牧。杜牧本身就是妓院恩客，常年流连往返于青楼，而且在那个年代，携妓同游本就是雅事，所以也根本没有什么忌讳。目前留下的杜牧诗作中与妓女和私妓有关的就有《赠沈学士张歌人》《赠别二首》《张好好诗》《兵部尚书席上作》《金谷园》《题桃花夫人庙》《见刘秀才与池州妓别》《见吴秀才与池妓别因成绝句》《代吴兴妓春初寄薛军事》《遣怀》《池州李使君没后十一日处州新命始到后见归妓感而成诗》《泊秦淮》《不饮赠官妓》《倡楼戏赠》《悲吴王城》《伤友人悼吹箫妓》等等。《赠别二首》中的"春风十里扬州路，卷上珠帘总不如"两句就是现在网上常见的"春风十里不如你"的出处，这首诗是杜牧临行前写给妓女的。

而在另一首名篇《遣怀》中，杜牧写道："落魄江湖载酒行，楚腰纤细掌中轻。十年一觉扬州梦，赢得青楼薄幸名。"伴随着《遣怀》诗不胫而走，青楼正式成为烟花柳巷的代名词。

卖艺不卖身？

　　古代青楼女子并不存在所谓卖艺不卖身的现象，更不存在"妓≠伎"的现象。这是一个大错特错的观念，这些年随着网上的"科普"大行其道，误人深矣。中国历史绝大多数时间段不存在"卖艺不卖身"这个现象，只有到了清代以后才有了所谓"清倌人"，多多少少有了点"卖艺不卖身"的意味，但除此之外的历史时间段，青楼女子就是以色和艺侍人，妓与伎相通。

　　古人用字较为随意，通假字、异体字、俗体字很常见，娟与倡、妓与伎从字面上来说并无本质区别，《说文解字》载："倡，乐也。"李善注《文选》曰："（倡）谓作妓者。"此处"倡"与"妓"等同。明代《正字通》载："倡，倡优，女乐，别作娟。"《康熙字典》载："娼，俗'倡'字。"唐代房千里《杨娼传》云："夫娼，以色事人者也，非其利则不合矣。"清代赵翼《戏题白香山集》有"尚无官吏宿娼条"一句，这里指的是唐代没有禁止官员嫖妓的条例。此处小结一下，"倡"等于"妓"，也等于"娼"。

至于"妓"，本来是美女的意思，《说文解字》载："妓，妇人小物也。"《华严经音义》上引《埤苍》称："妓，美女也。"《康熙字典》载："妓，女乐也。"明代《正字通》载："倡，倡优，女乐，别作娼。"也就是说，"妓＝女乐"，而"女乐＝伎"，因此"妓＝伎"。西安碑林博物馆藏有唐代《故妓人清河张氏墓志》，是唐代名相李德裕的侄子李从质纪念自己的伴侣张氏所作，墓志中用"色艳体闲，代无罕比，温柔淑愿，雅静沉妍"来形容张氏，可见感情之深。但是李从质在这里用"妓"命名张氏，毫无讳言之意，显示出张氏极可能就是伎人即歌舞演员，二十岁时跟随了李从质。这样的女子本来可能隶属教坊，有人看中则转而为家妓，可见妓与伎之间并无本质区别。要说有区别，大约也就是以才艺为重还是以色相为重的区别，但不可简单地以"有"和"无"来衡量。

那么古代究竟有无卖艺不卖身的现象？

王书奴的《中国娼妓史》（1934年）是研究娼妓问题的奠

基之作，他把中国的娼妓史划分为五个阶段：殷商巫娼阶段、周秦汉的奴隶娼和官娼阶段、魏晋南北朝家妓与奴隶娼妓并行阶段、隋唐至明代官妓鼎盛阶段、清代以来私营娼妓阶段。这其中"殷商巫娼阶段"没有什么确切的证据，是王书奴根据苏美尔及巴比伦神庙女祭司同时担任"圣职妓女"（sacred prostitute）推论出来的，但是我们在中国的史籍中找不到这样的"职业"。

商业化妓女的出现以唐代最为典型，王书奴将唐代妓女分为宫妓、官妓两种。高世瑜的《唐代的官妓》将唐代妓女划分为宫妓、官妓、家妓。日本石田干之助的《长安之春》（增订版）所收《长安的歌妓》一章中将唐代妓女分为宫妓、官妓、家妓与民妓。她们名义上隶属教坊，但实际上与后世的妓女没有多大区别，要说区别可能就是才气更高一些，但皮肉生意还是有的。王书奴《中国娼妓史》认为，唐代妓女以言谈诙谐、善音律为主，"而妓女色相反觉无足重轻"。

《北里志》是晚唐孙棨作品，专门描述长安平康坊青楼逸事，这里面可以看到，虽然平康坊妓女名义上隶属"教坊"，但并不是所谓的"卖艺不卖身的艺伎"，她们实际上与一般的妓女没有区别。宋德熹的《唐代的妓女》中认为："像北里（平康坊）这种有组织之妓馆的形成，在娼妓史上便代表一个

新里程碑，意味着商业化妓女的开始。"廖美云《唐伎研究》
观点类似："总之，从《北里志》的内容看，书中娼妓均具商
业性质，她们更接近于今天人们所理解的妓女，活跃于民间，
服务于社会和私人，独立经营，自负盈亏。因此《北里志》中
妓女的属性当为市井妓女。"

平康坊：长安知名风月场

　　虽然妓女遍布全国，但以长安平康坊最为有名，《北里志》说："诸妓皆居平康里。"平康坊位于长安城中部偏东。（见图2-2）

　　这个位置非常微妙：首先，它距离长安两大市场之一的东市很近，可称繁华市井，能保证人流量；其次，它距离皇城很近，而皇城是各种官僚机构集中的地域，古代官员历来是恩客；最后，平康坊所处的位置在长安城东部偏北，而这个地区是整个长安城人口最密集的地域，并且达官贵人多居住在此区域。余思彦《唐长安城高官住宅分布变迁之初步研究》统计唐长安城高官住所，认为唐高祖时期高官集中的两个坊是平康坊和宣阳坊，而宣阳坊紧靠平康坊南侧。识者或有问，住在风月场，这些达官贵人没有忌讳吗？其实，平康坊不是整个都是风月场，青楼主要集中在该坊东半部，《北里志》载："平康里，入北门东回三曲，即诸妓所居之聚也。"另外，妓院在那时是风流渊薮，并不被视为猥琐之地，达官贵人往往就是青楼恩客，《北里志》载："举子、新及第进士，三司幕府但未通朝籍、未直馆殿者，咸可就诣。如不吝所费，则下车水陆备矣。其中诸妓，多能谈吐，颇有知书言话者。"那时候官吏没有嫖妓禁令，所以毫无顾忌。

上述《北里志》这段话还提到了赶考的书生们，平康坊的位置和这些书生们有着莫大关系。自古以来，青楼和赶考书生就密不可分，一直到清代，南京江南贡院旁边的秦淮河就是莺飞燕舞之地。历朝历代，有钱又远离家眷的赶考书生们就是青楼常客，尤其是在放榜后更是激情无限，孟郊《登科后》："昔日龌龊不足夸，今朝放荡思无涯。春风得意马蹄疾，一日看尽长安花。"此诗写于科举高中之后，"一日看尽长安花"之"花"，颇有些学者认为乃平康坊之"花"。唐人笔记小说中有大量士子与青楼女子感情瓜葛的桥段也并不是偶然的。

青楼集中于平康坊，当然与此有关，平康坊以北的崇仁坊北街当皇城之景风门，与尚书省选院（即礼部南院，礼部南院和吏部选院的位置在今天西安钟楼的西南）邻近，进京赶考的书生在京城无第宅者多在此租房居住，去平康坊十分方便。另外，平康坊南侧的宣阳、亲仁两坊也是书生们集中住宿之地。

崇仁坊和平康坊内还有大量的进奏院（原名留后院）。这是安史之乱后各个藩镇设置在长安的"驻京办事处"，负责沟通地方与中央关系，传达信息，部分与中央离心离德的藩镇的进奏院还同时兼有情报站的作用。《唐两京城坊考》统计，晚唐崇仁坊进奏院有 23 个，平康坊有 12 个，而当时长安城的进奏院有 53 个，两坊相加占据总数一半以上。这些进奏院平时招待本镇来京官员、在京官中打点关系，平康坊自然是首选之地。

平康坊的青楼什么样子呢？《北里志》载："妓中有铮铮者，多在南曲、中曲。其循墙一曲，卑屑妓所居，颇为二曲轻视之。其南曲中者，门前通十字街，初登馆阁者多于此窃游焉。二曲中居者，皆堂宇宽静，各有三数厅事，前后植花卉，或有怪石盆池左右对设。小堂垂帘，茵褥帷幌之类称是。诸妓皆私有所指占。"

平康坊青楼分为北曲、中曲、南曲三部分，坊内有东西向街道和南北向街道各一条，形成十字交叉，名妓集中居住在地理位置优越、靠近十字街口的南曲或中曲，方便客人往来。这些名妓所居的屋宇宽敞华丽，装修精美，家具考究，属于上等青楼。北曲自然就是下等青楼。《北里志》中所载，有名的妓女有天水仙哥、杨莱儿、楚儿、颜令宾、王苏苏、王福娘等人。

妓女们虽然可能有单独的住所，但管理权归于老鸨。老鸨与妓女们往往以母女相称，因此又被叫作"假母"。《北里志·海论三曲中事》："妓之母，多假母也，亦妓之衰退者为之。"即这些老鸨中相当一部分以前也是名妓，年老色衰之后转为老鸨。这不是唐代独有的，历代妓院都有类似现象。平康坊有名的老鸨杨妙儿、王团儿年轻时都是名妓。

老鸨们历经沧桑，唯以钱财为目的，往往显得冷漠无情。《北里志》记载唐长安平康坊名妓颜令宾颇有才华，喜诗歌。"有词句，见举人尽礼祗奉，多乞歌诗，以为留赠，五彩笺常满箱箧"，病重之后由侍女服侍，看到落花而流泪，写诗曰："气余三五喘，花剩两三枝。话别一樽酒，相邀无后期。"令侍女拿着到宣阳、亲仁等坊，看到新科进士及考生就对对方说："曲中颜家娘子将来，扶病奉候郎君。"然后在家中宴请这些文人，欢乐之余，忽然长叹说："我不久矣，幸各制哀挽以送我。"老鸨认为这是向宾客们索取赙赠（白包），想着能在颜令宾身上最后赚一笔，甚喜。等到颜令宾去世，宾客们送来的是一首首挽诗，老鸨大怒，扔到街上。

都知和校书郎

　　老鸨之下，还有"都知"负责管教妓女。"都知"本是官名，平康坊妓女名义上隶属教坊，而教坊中有乐官名为"都知"。《南部新书》载："咸通中，俳优恃恩，咸为'都知'。一日乐喧哗，上召都知止之，三十人并进。上曰：'止召都知，何为毕至？'梨园使奏曰：'三十人皆都知。'乃命李可及为都都知。后王铎为都都统，袭此也。"可见在教坊内，都知已经成了"滥大街"的官名。至于青楼的都知，只是借用了这个名号，并非真正的官员。这些都知由妓女中地位较高者担任，协助老鸨管理青楼事务。《北里志》载："曲内妓之头角者为都知，分管诸妓，俾追召匀齐。"

　　《唐语林》卷七记载过一个有趣的故事："同年宴，举举有疾，不来，令同年李深之为酒纠。状元吟曰：'南行忽见李深之，手舞如风令不疑。任你风流称酝藉，天生不似郑都知。'"进士们举行同年宴，照例应该由平康坊名妓担任"酒纠"，即酒席上负责监行酒令之人。当时有一个叫郑举举的名妓，是有名的"酒纠"，可惜这一次因为得病无法前来，于是这些大老爷们就让进士李深之客串"酒纠"，虽然李深之卖力表现，但状元依旧吟诗开涮："任你风流称酝藉，天生不似郑都知。"你再有气质，再卖力表现，也不如郑都知。"郑都知"当然就是郑举举，那时的"都知"已经成了妓女的代名词。

还有个类似的称谓——校书郎，本来也是朝廷命官，但是却成了妓女的代名词。而此事与成都名妓薛涛相关。（见图6-1）

薛涛，长安人，出身官宦之家。从小饱读诗书。薛父去世后，家道中落，薛涛不得已，十六岁左右在成都成为乐伎，乐伎是贱口，主要从事歌舞表演，隶属教坊，兼有官妓色彩。

乐伎平时接触的达官贵人很多。薛涛擅长诗词，而且还擅长书法，很快她的大名就传播开来。那时的青楼恩客们，还不至于只一味追求肉欲，对于妓女的才华也是非常看重的。薛涛的才华使得她在蜀地上层社会中名声大噪。

薛涛有才气，也有性格。有一次参加黎州刺史举办的宴

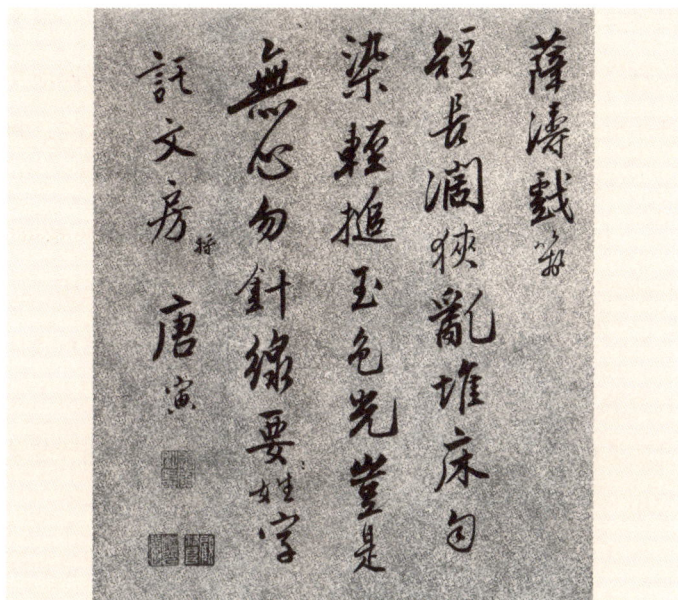

· 图 6-1 明·唐寅《薛涛戏笺》

会，宴会上行酒令，每人取《千字文》中的一句，句中须带有禽鱼鸟兽之名。黎州刺史张口曰："有虞陶唐。"（《千字文》）有虞是尧帝，陶唐是舜帝。这一句就暴露了他不学无术，他把"虞"当成"鱼"了。众人憋笑，但也不敢说啥。唯有薛涛站起来，对了一句"佐时阿衡"（《千字文》），这是指商代的伊尹。刺史就说："你这四个字里可没有鱼啊，你输了！"

薛涛回答说："'衡'字尚有小鱼子；使君'有虞陶唐'，都无一鱼。"（《唐语林》卷六）再怎么说，我这"衡"字中间还有条小鱼，您那"有虞陶唐"可是啥都没有啊。举座大笑，刺史十分尴尬。

当时来过蜀地的文人墨客，无不以见薛涛一面为幸事，和她交往的人中包括白居易、元稹、张籍、王建、刘禹锡、杜牧等名人。而且还有政坛重磅级人物，一位是当地最高行政长官韦皋，此人很有韬略，镇守蜀地多年，十分有威望，乐山大佛就是在他手里建起来的。另外还有武元衡，此人是唐代著名宰相。

有关他们还有个有趣的传说。他们当中有一位曾推荐薛涛为校书郎，《鉴诫录》等记载说是韦皋推荐的，《唐才子传》记载的则是武元衡。校书郎乍看起来级别不高，只是从九品上，主要为朝廷典校藏书。但实际上非常重要，唐代很多进士都曾担任过这个职务，因为担任此职的人多半都会有光明的前途。先后担任过秘书省校书郎的有杨炯、王昌龄、李德裕、白居易、元稹、李商隐、柳宗元、钱起、薛播、李端等人。

所谓推荐薛涛为校书郎，当然只是一个玩笑，《唐才子传》卷六载："及武元衡入相，奏授校书郎。"这完全是子虚乌有，武元衡不会推荐妓女为官，这在古代任何时期都是不可能的，应该是讹传。《全唐诗》作者小传里说韦皋将薛涛"称为女校书",意思是给她起的外号,韦皋是形容其学识高,仅此而已。《唐才子传》卷六载:"蜀人呼妓为校书,自涛始也。后胡曾赠诗曰:'万里桥边女校书,枇杷树下闭门居。扫眉才子知多少,管领春风总不如。'"

才女和奇女

　　唐代青楼女子以才华著称者众多，不仅有薛涛，还有李季兰、鱼玄机、刘采春等一大批人。《太平广记》引《中兴间气集》记载的一个故事便能展现出李季兰的才思敏捷。李季兰善诗词，著有文集，也善讽刺，一次聚会时讽刺名士刘长卿有疝气病，念诗曰："山气日夕佳。"刘长卿思维敏捷，立即回答："众鸟欣有托。"李、刘二人所说皆为陶渊明诗句，前者见《饮酒·其五》：

　　　　结庐在人境，而无车马喧。
　　　　问君何能尔？心远地自偏。
　　　　采菊东篱下，悠然见南山。

山气日夕佳，飞鸟相与还。

此中有真意，欲辨已忘言。

后者见陶渊明《读山海经·其一》：

孟夏草木长，绕屋树扶疏。

众鸟欣有托，吾亦爱吾庐。

既耕亦已种，时还读我书。

穷巷隔深辙，颇回故人车。

欢然酌春酒，摘我园中蔬。

微雨从东来，好风与之俱。

泛览周王传，流观山海图。

俯仰终宇宙，不乐复何如！

这一对男女对诗的内容虽然儿童不宜，但颇有点信息量。李在此以"山气"谐音暗指"疝气"，即讽刺长卿之"阴疾"；以"佳"谐音指"加"，谓刘"疝气"日益"加"重。而刘亦采取陶渊明诗加以回答，以自黑手段化解尴尬，他以"众"谐音指"重"，以飞鸟的"鸟"借指男阴。

古代疝气治疗技术中有托举法。长沙马王堆出土西汉

《五十二病方》内记载有瓠壶法，应该是一种疝罩。明代《普济方》卷二四七记载有："炒盐半斤令热，以故帛包熨痛处。"由此可见，类似今天疝气带的医疗用具古代应该是存在的。疝疾患者均阴囊肿大，为行动方便，患者多以夹带之类托系股根，"重鸟""有托"，意思就是肿大的阴囊还是有东西托举的。

鱼玄机也是有名的才女，著有《鱼玄机集》一卷，诗作现存有五十首。她出身不高，嫁给李亿为妾，不料不为正妻所容，于是被李亿送入道观出家。鱼玄机性格豪爽，而且颇有雄心壮志，却觉得受累于自己的女儿身。有一天她到崇真观登楼游玩，发现上面有新科进士们的题名。感慨自己空有一身的才学，毫无用武之地，无比惆怅，于是大笔一挥，也在上面赋诗一首："云峰满目放春情，历历银钩指下生。自恨罗衣掩诗句，举头空羡榜中名。"（《唐才子传》）纵横的才气使得她的居所每天门庭若市，朝士与之往来唱和者众多，但可能也是这一点害了她。最终，她因为怀疑婢女绿翘与某客人有私情，加上绿翘辩解时言语有冒犯之处，于是打死绿翘，因此被处死。

唐代女道士中也有些人兼有妓女色彩，不仅上述所提李季兰、鱼玄机等为女道士，薛涛在与元稹恋爱心灰意冷后也出家为女道士。关于女道士，《东观奏记》还记载过一个趣事："上（唐宣宗）微行至德观，女道士有盛服浓妆者。赫怒，亟归宫，立宣左街功德使宋叔康，令尽逐去，别选男道士二十人住持。"唐宣宗高度重视礼教，估计是看见浓妆艳抹的女道士，怀疑其行为不端。唐代出家的女道士们相比一般妇女有更多的社交活动，往来比较方便，所以有些妓女就以女道士面目示人。

一般的妓女们平时也有严格的训练，老鸨们在选拔时就注意选择那些有文化的女子，进入青楼后又着重培养她们琴棋书画等才艺。

平康坊经常高朋满座，乐声飞扬，觥筹交错。关于接客等标准，史料也有记载。《唐语林》卷七载："曲中一席四镮，见烛即倍，新郎更倍，故曰'复分钱'。"每顿酒席官价是"四镮"，即四贯钱，假如待到夜间就要加倍。估计是因为长安夜间有宵禁，客人假如上灯烛时候还没有离开，就意味着要在此过夜，所以价格加倍。新客人则要再加一倍，称为"复分钱"。客人假如有中意的妓女，还可以"买断"，《北里志·王团儿》："曲中诸子，多为富豪辈日输一缗于母，谓之'买断'。但未免官使，不复祗接于客。"京中的富豪们每天给老鸨一缗钱，老鸨就可以保证妓女除了"官使"外，不能再接待其他的客人。

所谓"官使"，指的是出席官方陪酒宴会。唐朝京官中级别较高者不得入平康坊娱乐，而宴会有时又需要官妓作陪，所以隶属于教坊的平康坊诸妓就要时不时出官差。"京中饮妓，籍属教坊，凡朝士宴聚，须假诸曹署行牒，然后能致于他处。"
（《北里志·序》）有官方所下文牒，诸妓就必须赴会，这是老鸨们也无法拒绝的。

为什么唐代文人总少不了妓女题材的诗作？除了他们生性风流视其为雅事之外，还有个重要的原因就是当时著名文人的话语相当有影响力，他们对妓女的褒贬直接左右妓女职业生涯，所以妓女们争相巴结他们，希冀并怂恿他们写诗。例如《唐才子传》便记载了崔涯的故事："每题诗倡肆，誉之则声价顿增，毁之则车马扫迹。"晚唐《云溪友议》卷中的"辞雍氏"也记道："每题一诗于倡肆，无不诵之于衢路，誉之则车马继来，毁之则杯盘失错。"妓女们靠大诗人的诗作扬名，酒精刺激下的大诗人们自然不会让美女失望。

有的妓女，无姿色，也无才气，但是剑走偏锋，也能混得风生水起。《北里志》记载有妓女迎儿无姿色也无口才，"既乏丰姿，又拙戏谑"，但性格彪悍，以"多劲词以忤宾客"，总是骂客人。还有一位更彪悍的，以伤人为能事，同书："牙娘居曲中，亦流辈翘举者。性轻率，惟以伤人肌肤为事。"此女专门以打人为乐事，能一把抓花客人的脸。这些女子很受某些有特殊爱好的客人的喜欢。《北里志》作者孙棨曾为妓女王福娘题壁三首，其一曰："试共卿卿戏语粗，画堂连遣侍儿呼。寒肌不奈金如意，白獭为膏郎有无？”所谓“寒肌不奈金如意”就是体表有伤之意，白獭膏指的是白獭髓，外伤用。此处用的是孙和与邓夫人的典故。《拾遗记》卷八载：“孙和悦邓夫人，常置膝上。和于月下舞水精如意，误伤夫人颊，血流污裤，娇姹弥苦。自舐其疮，命太医合药。医曰：‘得白獭髓，杂玉与琥珀屑，当灭此痕。’即购致百金，能得白獭髓者，厚赏之。”此处孙棨疑似在以此暗示自己与福娘之间关系如孙和与邓夫人一般。

当然，也有非常矜持的妓女，其目的是制造“奇货可居”的氛围，《北里志》记某妓女，其实姿色平平，但善辞令，深受欢迎。有年轻进士刘覃，富二代，听说该女子大名，但未曾谋面，于是出重金求之，损友给该女出主意，礼金照收，就是不见，“得到不如得不到”，结果刘覃越发焦急，出钱越来越多，但该女还是拒绝见面。刘覃后来听说某吏能制住诸妓，重金贿赂该吏。小吏冲进去将该女塞入轿子抬来，刘覃兴冲冲掀开轿帘，却见该女子蓬头垢面，涕泗交下，丑陋不堪，刘覃大失所望，令人原路抬回去！

唐代名妓平时看着珠光宝气、光彩照人、欢声笑语，实际上内心也都有着极端的苦闷，她们没有正常的感情生活（薛涛、鱼玄机等都是典型），没有人身自由，甚至连外出都受到严格限制。《北里志·海论三曲中事》云："诸妓以出里艰难，每南街保唐寺有讲席，多以月之八日，相牵率听焉。皆纳其假母一缗，然后能出于里。其于他处，必因人而游，或约人与同行，则为下牒，而纳资于假母。"每月逢八，妓女们才能以到保唐寺听讲道为由外出，而且这一日由于无法为老鸨们挣钱，所以要缴纳一缗钱才可以出门。假如有其他原因外出，也要给老鸨交钱。

自古以来，赌场、妓院就是治安混乱的地方，平康坊也不例外。《北里志》载："王金吾（式），故山南相国起之子，少狂逸，曾昵行此曲。遇有醉而后至者，遂避之床下。俄顷，又有后至者，仗剑而来，以醉者为金吾也，因枭其首而掷之曰：'来日更呵殿入朝耶？'遂据其床。金吾获免，遂不入此曲，其首家人收瘗之。令狐博士滈，相君当权日，尚为贡士，多往此曲，有昵熟之地，往访之。一旦，忽告以亲戚聚会，乞辍一日，遂去之。滈于邻舍密窥，见母与女共杀一醉人而瘗之室后。来日复再诣之宿，中夜问女，女惊而扼其喉，急呼其母，将共毙之，母劝而止。及旦，归告大京尹捕之，其家已失所在矣。以博文事，不可不具载于明文耳。"《北里志》说唐宣宗大中年间以前，平康坊治安十分混乱，大臣王起之子王式在金吾卫供职。年少轻狂，曾来平康坊风流，遇到一个醉汉进门，王式躲到了床底下，没想到一个刺客冲入，将醉汉误认作是王式，一剑枭首，还嘲讽说"来日更呵殿入朝耶"，如此说来，该刺客应该是王式在工作中得罪的人派来的，知道王式在平康坊，但是却没见过王式本人，所以误杀了醉汉。

到了宋代，虽然官府对官员狎妓有所禁止，但宋代发达的商品经济使得娼妓生意十分兴旺。梁庚尧的《宋代伎艺人的社会地位》一书中对于宋代包括妓女在内的"伎艺人"的组成、身份和社会地位进行了探讨，他指出："事实上，不少女伎艺人，在出卖伎艺之外，兼且出卖色相。"他还对宋代有名的瓦子勾栏中倡优歌伎的阴暗面进行了论述："瓦子勾栏给人的印象所以如此恶劣，女色的引诱自然是原因之一。不仅在瓦子勾栏，即使在其他处所，有时倡优歌伎也被用来作为以色行骗的工具。"明代谢肇淛的《五杂组》卷八《人部四》中也对明代娼妓现象进行过概括："今时娼妓布满天下，其大都会之地动以千百计，其它穷州僻邑，在在有之，终日倚门献笑，卖淫为活，生计至此，亦可怜矣。两京教坊，官收其税，谓之脂粉钱。隶郡县者则为乐户，听使令而已。唐、宋皆以官伎佐酒，国初犹然，至宣德初始有禁，而缙绅家居者不论也。故虽绝迹公庭，而常充牣里闬。又有不隶于官，家居而卖奸者，谓之土妓，俗谓之私窠子，盖不胜数矣。"指出在明代，无论是大城市还是小地方，娼妓之风都很盛行。宣德初开始有禁令，但是里巷间仍然不绝。另外家居卖奸的"土妓"也数不胜数。

当然，由于时代局限，女性地位低下，谋生困难，古代才出现了昌盛的娼妓文化。我们今人在进行研究时，应以严肃、理性的目光，来看待这一现象。

第七章

外来文化

唐代文化的特质之一就是开放包容。假如走在唐长安熙熙攘攘的大街上，举目皆可看到胡人。那时的长安是不折不扣的国际化大都市，也可以说是半个世界的人们向往的城市。大街上有许多高鼻深目的突厥人、波斯（伊朗）人、大食（阿拉伯）人、粟特人、天竺（印度）人以及面貌虽与我们接近，但是服装与我们迥异的日本人、吐蕃人、新罗人。另外，还有不少的黑人。胡人来华途径除了陆上丝绸之路还有海上丝绸之路，那时广州最多时有多达二十万的胡人，扬州也有成千上万的胡人商贾，他们聚族而居，从事外贸，也协助唐朝地方官管理本族人。南方城市里的胡人主要是大食、波斯、天竺以及东南亚的林邑、爪哇、僧伽罗人，北方城市里主要是大食、波斯、天竺、回纥、突厥、粟特、吐火罗人。从北朝开始，朝廷为了管理这些语言不通、聚族而居的胡人，特地设置"萨宝"一职，由这些胡人中的首领人物来担任，负责管理本族人，并与朝廷合作。

何为昆仑奴?

　　大家都知道陆上丝绸之路上的主要交通工具是骆驼。所以当时唐代的北方,尤其像长安和洛阳这样的城市,经常可以看到成群成群的骆驼。

　　故宫博物院就现存唐三彩的胡人牵骆驼俑(见图 7-1),此外,还有做泼寒胡戏的胡俑。

　　"泼寒"是胡人风俗,(胡人)冬季十二月骑马上街,赤裸上身,成群结队,互相泼水为乐。据说,这种习俗可以保佑未来一年平安健康。《旧唐书》记载:"自则天末年,季冬为泼寒胡戏,中宗尝御楼以观之。"胡三省说:"(泼寒)本出于胡中西域康国,十一月鼓舞乞寒,以水交泼为乐,武后末年始以季冬为之。"泼寒胡戏在中宗时期最为盛行,宫内甚至专门为

此编排了乞寒戏舞蹈《泼胡王》，图 7-2 即为唐中宗女儿永泰公主墓出土的泼寒胡戏俑。

什么叫作昆仑奴？就是黑人，唐代把黑人叫作昆仑奴。唐代诗人张籍有《昆仑儿》诗曰：

> 昆仑家住海中州，蛮客将来汉地游。
>
> 言语解教秦吉了，波涛初过郁林洲。
>
> 金环欲落曾穿耳，螺髻长卷不裹头。

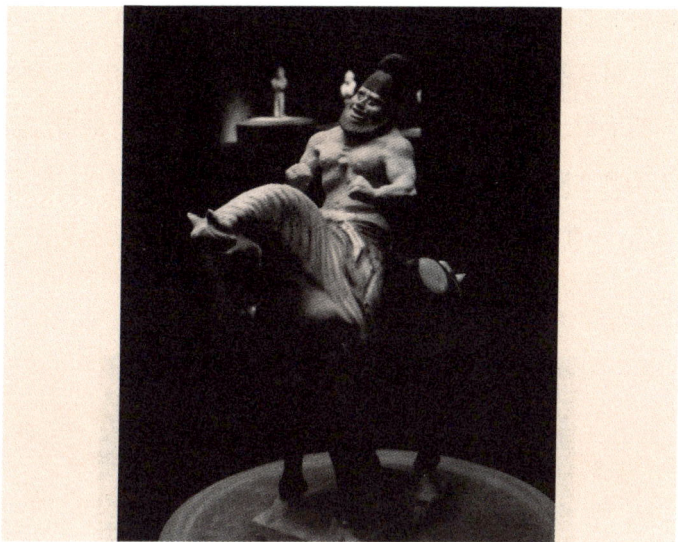

· 图 7-2 唐代"泼寒胡戏"俑

自爱肌肤黑如漆，行时半脱木绵裘。

但唐人口中的昆仑奴不仅包括黑人，还包括广大来自南海地区的人种，《旧唐书·南蛮传》："自林邑以南，皆卷发黑身，通号为'昆仑'。"林邑即今越南中部地区，也就是说唐人笼统地将东南亚以南地区的人都呼为"昆仑"，那为什么加个"奴"字呢？乃因自古以来就有人贩子将此地土著贩卖到中国内地，充当奴仆，甚至还曾将他们作为贡品向皇室进贡。所以

就留下了具有歧视色彩的"昆仑奴"一词。（图7-3）

葛承雍《唐长安黑人来源寻踪》（《中华文史论丛》，2001年第1辑，总第65辑）甚至认为被称为"昆仑奴"的南海黑人不是非洲的尼格罗人，而应该是尼格利陀人，又叫"矮黑人"，一直到现在这些类似非洲黑人的部落和种族仍散居在马

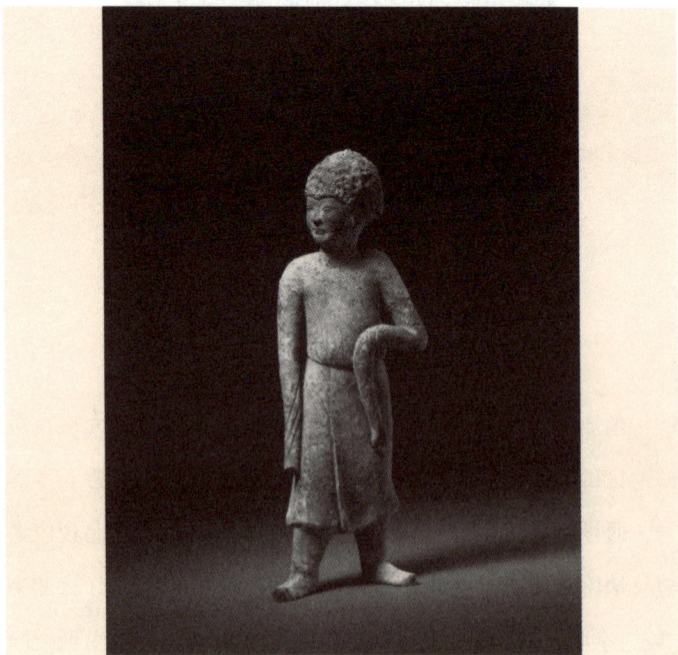

·图7-3 陶昆仑奴俑

来半岛以南的诸海岛上。

　　当然，中国古人思维模式中历来缺乏精确的概念，所以黑人的来源可能是比较复杂的，一概界定为"是"还是"不是"来自非洲，一定都会有所偏差，但来自南海地区的人种占据了"昆仑奴"的大部分应该是没错的。

胡商故事

　　长安的胡商非常多，他们也留下了很多精彩的故事。首先，他们非常有钱，李商隐曾经记载过唐代的几句民谣叫作"不相称"："穷波斯、病医人、瘦人相扑、肥大新妇。"所谓"不相称"意思是矛盾现象。比如"病医人"，医人也就是医生，不可能病恹恹的。瘦人相扑也很滑稽，相扑手何曾有瘦子？还有肥大新妇也不合逻辑。新妇就是新娘子，古代女孩子出嫁多数时候并不是什么浪漫的事情，出嫁之后就意味着肩上担负起了前所未有的重担。嫁到公婆家之后，大大小小的家务事就全部担上了肩，上有老下有小，家里家外都要操持。所以新媳妇又白又胖，唐人认为不可能，肥大新妇也是"不相称"的。从这三句民谣可以看出，唐人所谓"穷波斯"也是戏谑之语，他们认为，波斯人中就不可能有穷人。我这里顺便说一下，唐人嘴里的波斯人，不见得一定就是波斯来的。凡是丝绸之路上过来的商人，唐人有时候分不清楚，笼统地就叫作波斯人。

胡商的确有钱，比如武则天时期造天枢于洛阳定鼎门，番客胡商捐钱百万亿，当然，这里的"亿"不是一万万的意思，是"十万"，即便如此，百万亿仍然是一笔天文数字。晚唐镇压黄巢时军费不足，度支曾经奏请皇帝向天下富商和胡商借钱，胡商之富裕由此可见一斑。

唐人对胡商有个统一的称谓——蕃客。他们当中很多人就定居在长安和唐帝国其他城市，比如广州、扬州、洛阳、成都等地，最终融入了中华民族之中。

隋文帝初建隋唐长安城的时候极有可能就考虑到外族人的问题，西市附近有怀远坊，其名有"怀柔远夷"的意思。与"怀远坊"东西隔街相望的有"弘化坊"，因唐高宗时期太子叫李弘，所以"弘化坊"改名为"崇化坊"，崇化、从化、弘化，意思接近，都有"尊崇王化"之意。可见当时长安西市本就为这些胡人胡商的到来做好了准备。在西市内还设置有波斯邸，就是波斯人在长安开设的邸店，专门为波斯和西域等地来长安经商的胡商寄存和出售货物，也供他们住宿。这些波斯邸获利甚厚，不但收取寄存费，而且还放贷取利。

由于胡商们有钱，又带来了很多的异域文化，所以围绕着他们产生了很多有趣的故事。

《集异记》记载，开元初，李勉经运河来扬州游历。行及睢阳，有一位生了重病的波斯老人，"思归江都"，请求与他同行。李同意其搭船并细心照料，这位波斯老人十分感动。船行至半路，老人自知支撑不住，便对李勉说，"我本王贵种也，商贩于此，已逾二十年"，他得到了他们国家遗失多年的传国宝珠，价值不菲，他怕放在身上不安全，便剖肉放在大腿里，不料途中生病。眼看就要离开人世，他对李勉说："感公恩义，敬以相奉。"随即抽刀剖开大腿，取出宝珠赠给李勉，当即死去。李勉并没有接受馈赠，他为老者买了衣服，将宝珠放在其口中，将他埋葬。到扬州后，李勉遇到一位年轻的波斯人，很像那位老者，一问果然是他的儿子，便告之以原委，年轻人前往父亲墓地，取得宝珠，回国去了。

无独有偶，《唐语林》载："兵部李约员外尝江行，与一商胡舟楫相次。商胡病，因邀相见，以二女托之，皆绝色也。又与一珠，约悉唯唯。及商胡死，财宝钜万，约悉籍其数送官，而以二女求配。始殓商胡，约自以夜光唅之，人莫知也。

.

190

后死商胡有亲属来理资财，约请官司发掘检之，夜光果在。其密行皆此类也。"

还有《独异志》载："李灌者，不知何许人，性孤静，常次洪州建昌县，倚舟于岸。岸有小蓬室，下有一病波斯。灌悯其将尽，以汤粥给之，数日而卒。临绝，指所卧黑毡曰：'中有一珠，可径寸，将酬其惠。'及死，毡有微光溢耀。灌取视得珠，买棺葬之，密以珠内胡口中，植木志墓。其后十年，复过旧邑。时杨凭为观察使，有外国符牒。以胡人死于建昌逆旅，其粥食之家，皆被栲讯经年。灌因问其罪，囚具言本末。灌告县寮，偕往郭墦伐树，树已合拱矣。发棺视死胡，貌如生，乃于口中探得一珠还之。其夕棹舟而去，不知所往。"

这三个故事都有大体类似的情节，只是时间、地点、人物稍微换了一下，但故事模式如出一辙。产生这种结果有两种可能：当然一种可能是，其中有真实的故事原型，后来的故事是模仿写成；第二种可能，这些故事都是虚构，一个模仿一个。但是不管怎么样，这个故事先讲的是诚信守诺，然后才是胡人有宝。（见图7-4）唐人观念中胡人总是和神秘的宝物密切相关，在文学史研究中学者们发现，"胡人识宝"是唐代笔记小说中常见的模式，很多故事都是这个模式：某样物品，唐人不识其价值，被胡人看见，一语道破，然后花费巨资买走。

·图 7-4 宋·廉布(款)《胡人相马图》

之所以产生这么多"胡人识宝"的故事，与唐人根深蒂固的观念有关，他们认为胡人天生与宝物密切相连。不过唐代的确有很多宝物，如玻璃、金银器、乐器、香药，都来自西域，来自丝绸之路，在唐人看来，胡人天生就具有"识宝"的慧眼。

胡音与胡乐

　　不仅识宝，胡人还带来了很多的外来文化和知识，例如音乐。胡乐可能是西汉时期引入中国的，而功臣则是张骞。《晋书·乐志》载："胡角者，本以应胡笳之声，后渐用之横吹，有双角，即胡乐也。张博望（张骞封博望侯）入西域，传其法于西京，惟得《摩诃兜勒》一曲。李延年因胡曲更造新声二十八解，乘舆以为武乐。后汉以给边将，和帝时，万人将军得用之。魏晋以来，二十八解不复具存，用者有《黄鹄》《陇头》《出关》《入关》《出塞》《入塞》《折杨柳》《黄覃子》《赤之杨》《望行人》十曲。"胡乐的引入对中国音乐的创新起到了积极的促进作用。

　　魏晋隋唐时期胡乐更是渗透到了社会各个层面，白居易的好友、大诗人元稹在《和李校书新题乐府十二首·法曲》一诗中写道："女为胡妇学胡妆，伎进胡音务胡乐。"意思就是女子都愿意嫁作胡妇，学习胡人的打扮，那些歌女也愿意学习西域的音乐舞蹈来进行表演。

谢弗《唐代的外来文明》中的相关论述，可以帮助我们加深对唐代外来音乐状况的了解："从八世纪开始，唐朝的流行音乐听起来与中亚城郭国家的音乐简直就没有多少区别了。著名的《霓裳羽衣曲》总是使我们联想起唐玄宗——玄宗是一位音乐爱好者，据说在他的宫廷里有三万名乐工——但是实际上这首曲子不过是西域的《婆罗门曲》的改写本。龟兹、高昌、疏勒、安国、康国、天竺以及高丽等地的音乐风格，就这样在唐朝官方的保护之下，与传统音乐融合成了一体。"

《隋唐嘉话》还记载了一个有趣的故事：洛阳有僧，屋中悬磬常自鸣，以为有鬼，恐惧成疾，太乐令曹绍夔前来看望，听后笑曰："明日盛设馔，余当为除之。"第二天饭罢，曹掏出一把锉，在磬上打磨数处，磬果然不再自鸣。曹解释："此磬与钟律合，故击彼应此。"即磬与寺内大钟产生共振了，锉掉一些可以改变其振动的频率。从这个故事来看，曹很可能是粟特人。曹姓是昭武九姓，北方曹姓中粟特人居多，而乐律则是唐代昭武九姓经常从事的工作，所以有这个推测，至于确否还需要进一步考证，故加了"可能"。

《太平御览》卷五百八十三引唐代《乐府杂录》，也记载了一个跟胡乐有关的故事：

贞元中，有康昆仑，弹琵琶第一手。因长安大旱，诏移两市以祈雨。及至天门街，市人广较胜负及斗声乐。其街东有康昆仑，琵琶最上，必谓街西无以敌也，遂请昆仑登彩楼弹一曲新翻羽调《录要》(即《绿腰》是也。本因乐上进曲，上令录出要者，因以为名。自后来误言"绿腰"也)。其街西亦建一楼，东市大诮之。及昆仑度曲，西市楼上出一女郎抱乐器，先云："我亦弹此曲。"兼移在枫香调，及下拨声如雷，其妙绝入神。昆仑即惊骇，乃拜请为师。女郎乃更衣而出，及见，即僧也。盖西市内豪族厚赂庄严寺僧善本(善本名，俗姓段也)，以定东廊之胜也。翌日，德宗召入，令陈本艺，异常佳奖，因令教授昆仑。奏曰："且请昆仑弹一调子。"乃弹之。师曰："本领何杂也？兼带雅声(有版本作'邪声')。"昆仑惊曰："段师神人也。臣小年初学琵琶，偏于邻舍女巫处授一品弦调子，后仍易数师。"段精鉴玄妙如此。段师奏曰："遣昆仑不近乐器十余年，使忘其本领，然后可教。"诏

.

196

许之。后尽段师之艺也。

这段故事描述的是长安东、西两市商贾斗乐，东市推出胡人康昆仑，最擅长琵琶，弹奏《绿腰》，西市推出一女郎，也弹奏《绿腰》，但远胜于康昆仑，康昆仑欲拜师，女郎更衣相见，乃男性僧人善本，俗姓段。唐德宗要求他教授康昆仑，善本要求康昆仑弹奏一曲，然后指出康昆仑从师不正，有邪声。康昆仑十分敬佩，说："这是因为我早年间向邻居女巫学习琵琶，所以有邪声。"善本对皇帝说："康昆仑要想向我学琵琶，必须不近乐器十余年，忘掉他所学的一切，我才可以教授他。"皇帝应许。康昆仑果然丢弃琵琶技艺，后来才从师善本，尽得其妙。从这个故事里可以看到，长安两座市场的商人还是很热心公益事业的，大旱祈雨，他们积极参与，组织斗乐，然后东市推出的就是胡人康昆仑，为什么断定他是胡人呢？因为他姓康，粟特昭武九姓中的一个，而且他名字叫昆仑，昆仑在唐代一指西域昆仑山，一指东南亚，考虑到他的姓加上"昆仑"两个字，指西域昆仑山的可能就比较大，所以康昆仑极可能就是个擅长音乐的胡人。

幻法：早期的胡人魔术

胡商还带来了魔术，这项技艺也令唐人惊叹不已。《朝野金载》记载："每岁商胡祈福，烹猪羊，琵琶鼓笛，酣歌醉舞。酹神之后，募一胡为袄主，看者施钱并与之。其袄主取一横刀，利同霜雪，吹毛不过，以刀刺腹，刃出于背，仍乱扰肠肚流血。食顷，喷水咒之，平复如故。此盖西域之幻法也。"

他们的确非常擅长"幻法"。这种"幻法"说白了就是今天口吞宝剑、大锯活人之类的魔术。中国自古以来就有魔术，但是胡人的魔术与中国传统魔术不一样，视觉上更具有冲击力，所以很令国人惊骇，甚至还引发了一场小小的风波。《册府元龟》记载：显庆元年（656年），有一次，老百姓在节假日宴饮，高宗在城楼上观看（即观大酺）。这时候就有胡人要上来表演，想在皇帝面前露一手，表演幻戏，结果皇帝不让，而且下诏禁止："如闻在外有婆罗门胡等，每于戏处，乃将剑刺肚，以刀割舌，幻惑百姓，极非道理。宜并发遣还蕃，勿令久住。"(《册府元龟》) 为什么呢？皇帝说："我听说现在外面有婆罗门胡表演幻戏，拿剑刺肚子，用刀割舌头，以此来迷惑百姓。"什么叫迷惑百姓？刀刺完之后，一抹又好了，老百姓很惊讶，觉得好神奇！实际上和今天大卸活人一样的，那就是一种魔术而已。但是大家要知道，古人是迷信的，包括皇帝在内的很多人认为它是妖术，认为这人是个妖道，所以禁止。

胡医与胡药

　　再例如医药，唐朝各大城市云集着来自各国的从事药材生意的商人，唐朝人对外来的"异药"充满崇拜和迷信。当政者如唐玄宗就曾到处搜寻灵药。开元四年（716年），有胡人向唐玄宗上言："又欲往师子国（锡兰）求灵药及善医之妪，置之宫掖。"大臣杨范臣向玄宗进谏说："彼市舶与商贾争利，殆非王者之体。胡药之性，中国多不能知；况于胡妪，岂宜置之宫掖！"（《资治通鉴》卷二百一十一）唐玄宗遂放弃了这一计划。

　　针拨白内障法很早就由印度传入中国，北凉时期翻译的《大般涅槃经》卷八载："是时良医即以金錍决其眼膜。"《梁书》卷二十二《太祖五王鄱阳忠烈王恢传》亦载："后又目有疾，久废视瞻，有北渡道人慧龙得治眼术，……及慧龙下针，豁然开朗，咸谓精诚所致。"即是当时的胡医治眼之术。但是，彼时的技术尚不成熟，《唐大和上东征传》即记载了鉴真失明乃因胡医失误导致的医疗事故。"频经炎热，眼光暗昧，爰有胡人言能治目，遂加疗治，眼遂失明。"但也正是如此，让我们对鉴真和尚的毅力更加感到钦佩。他就这样来到了日本，不仅弘扬佛法，还给日本人带去了中国的医药知识，用手摸、鼻子嗅的方式来教日本人学习草药知识，医药知识就这样在中日间互通有无。中古胡医多以眼科著称，西北、华南较多，即由陆、海丝绸之路而来。苏轼曾有《赠眼医王生彦若》，记载了亲睹的针拨白内障手术场面，操持者是名医王彦若："而子于其间，来往施锋镞。……运针如运斤，去翳如拆屋。"技艺如神，苏轼甚至怀疑彼有法术，"常疑子善幻，他技杂符祝。子言吾有道，此理君未瞩"。此法在中国沿用日久，一直到现在还有使用。

除了眼科外，别的医疗项目也有胡医的参与。唐太宗曾患气痢，久治不愈，悬赏，有卫士张宝藏（或作张冏藏）进乳煎荜茇方，立愈。荜茇，乃胡椒科植物，产于热带、亚热带，味辛辣。用于脘腹冷痛、呕吐、泄泻、心绞痛等。药物来自热带，又用牛乳这种汉人少用之物，药方很可能来自印度，也是胡商带来的。

落地长安

　　从北朝开始，中国历代政府对于胡商的管理原则就是适当集中，委托管理。适当集中指的就是让胡商们集中居住。当然，规定归规定，执行归执行，事实上胡商们行动很自由，足迹遍及中国大江南北。委托管理指的是设置"萨宝"之类的官职，让胡人中有威望者来管理胡人，对政府负责。比如西安博物院所藏的史君墓石椁的主人"史君"就是一位萨宝。

　　史君原名尉各伽（Wirkak），是生在5世纪末到6世纪的粟特人。他曾经在凉州担任过胡商萨宝，成为官府与胡商之间的联系人、调解人。隋唐时期萨宝这个职位依旧保留，因为政府觉得通过这种方式管理胡人更为便捷。

　　唐朝政府还在广州设立专门管理外商的机构"市舶使"。

我国历朝政府与外国客商常有算政治账的现象，即以高于市场价的价格购买外国客商货物，以柔化远人，例如唐代广州等港口，外国船舶到日，市舶使在商品中要抽出一部分用作上贡外，其余的于市场上交易。阿拉伯人的史料证明，上贡的那部分商人可以得到政府优厚的报酬。《中国印度见闻录》卷一第三十四条："海员从海上来到他们（指唐）的国土，中国人便把商品存入货栈，保管六个月，直到最后一船海商到达为止。他们提取十分之三的货物，把其余的十分之七交还商人。这是政府所需的物品，用最高的价格现钱购买，这一点是没有差错的。"作者紧接着特地以药材交易举例："每一曼那(mana)的樟脑卖五十个'法库'(fakkouj)，一法库合一千个铜钱。这种樟脑，如果不是政府去购买，而是自由买卖，便只有这个价格的一半。"可以想见在这种政策下外国药商踊跃前来交易的场景。到了宋代此类政策依旧有延续，但宋太宗时期曾经叫停，《宋会要辑稿》："淳化二年四月，诏广州市舶：'每岁商人舶船，官尽增常价买之，良苦相杂，官益少利。自今除禁榷货外，他货择良者，止市其半，如时价给之。粗恶者恣其卖，勿禁。'"

同时还有很多胡商很精明，知道一定要有靠山才可以在长安生存。例如玄宗时人元澄所撰《秦京杂记》中就有这样一个故事，故事主人公李蔼接任京兆尹后，急需筹措三千缗钱，问属下何以取足，属下请他询问捕贼官韩铢。韩铢就告诉李蔼，让他来日升堂时将自己拖拽至庭前，责问为何西市波斯客与汉客交杂，这件事就算办成了。李蔼不明其中缘由，但还是依言责备韩铢。胡商们得知消息后，二百余家胡商送来了"压惊钱"，李蔼果然筹到了所需的钱。这个韩铢看来就是胡商们的靠山，有他在，胡商们就有较大的行动自由，所以当韩铢受到上级责骂，他们就赶紧来安慰韩铢。

胡人就是唐代商业不可或缺的组成部分，有他们在，才组成了完整的唐代商业图卷。他们的活力来自丝绸之路的吸引力，基于大唐开放包容的精神来评价胡商群体，更能感受到大唐文化的魅力。

第八章

武后宫廷

武则天到底有多美?

　　武则天是个美女这是毫无疑问的,否则也不会被唐太宗看中,封为才人。武则天究竟长什么样子呢? 史料没有直接的描述。但是可以从其他文字里探知一二,太平公主据说最像武则天,史书对太平公主的相貌是有记载的:"公主丰硕,方额广颐。"(《旧唐书》)就是体态丰满,两个脸蛋子很饱满,额头也比较宽,这符合唐代的审美标准。史书说:"则天以为类己。"也就是说性格和外貌像她,那武则天的相貌就可大略知道了。

　　另外,武则天个头应该不矮。可能是遗传基因的缘故,武家人个子都不高,比如史书有记载的武懿宗、静乐县主,都是小个子,但是武则天是个例外。有唐代文献说"武氏最长,时号'大哥'"(《朝野金载》),武则天那时绝不是他们家族里

207

辈分最高的，所以这里是长（cháng）不是长（zhǎng），也就是说武则天是家族里的最高个，也许可以说是矮子里拔将军，但起码可以说身高不低。

20世纪80年代，陕西扶风县法门寺地宫被发现，出土了大批精美的文物，根据地宫里物账碑的记载，在唐朝皇室馈赠给法门寺的物品当中有"武后绣裙一腰"，这是珍贵的文物，是武则天生前穿用的，如果可以完全复原出来，那将是个绝佳的素材，据此，尽可还原武则天的身材、体态。尤其是想到相传为武则天所作的名诗《如意娘》写道："看朱成碧思纷纷，憔悴支离为忆君。不信比来长下泪，开箱验取石榴裙。"更让人对这袭绣裙有了想象空间。该诗凄美婉转，有人说这是身居感业寺的武媚娘写给唐高宗的，但真相如何，还存有争议。例如施蛰存《唐诗百话》就提出："武则天不会有这一类型的爱情苦闷。但这是她写的乐府歌辞，给歌女唱的。诗中的'君'字，可以指任何一个男人。唱给谁听，这个'君'字就是指谁。正如现代歌星手执话筒，唱着'我爱你''我念你'，使听众不免动心，就收到恋歌的效果。你如果把这一类型的恋歌认为是作者的自述，那就是个笨伯了。"还有人根据《唐诗纪事》卷三"大凡后之诗文皆元万顷、崔融辈为之"一句，认为此诗根本就不是武则天的文笔，而是臣下代笔。此事暂无定论。

不过遗憾的是，出土时这件绣裙和其他丝织品一样，朽坏得很厉害，而且叠成一团，难以分辨真面目。中德专家联手进行了长时间的研究和修复，目前修复还在进行，但最新的研究结果可能令人略为失望。宋馨《从展开的法门寺丝织物来看晚唐宫廷妇女的服饰》(*Daily Wear for Court Ladies of the Late Tang Dynasty as Seen from the Unfolded Famensi Silk Garments*，秦始皇帝陵博物院、慕尼黑工业大学、陶质彩绘文物保护国家文物局重点科研基地编《秦俑及彩绘文物保护与研究学术研讨会论文集》，科学出版社，2017 年版）一书的结论是，目前展开的那些绣裙中，都是由唐懿宗、唐僖宗、惠安皇太后和两个嫔妃捐赠，未见武则天绣裙。我想原因之一可能是这件绣裙还在未展开的织物内，第二个可能就是已经朽坏，再也无法面世。

　　可惜的是，武则天没有一张可信的画像流传下来，尤其是同时代的人给她画的像。大家见到的流传比较广的一幅画像出自《历代古人像赞》，此图是明弘治年间绘制，服饰方面有很多和唐朝不符合的地方，只可以看作是明朝人的想象，可信度很低。而且把武则天画得面貌阴阳怪气，题图文字对武则天的评价是："屠虐宗支，毒害忠良，攘窃神器，淫秽纲常。"可见这幅画的创作者是站在传统的封建价值观基础上对武则天大加指责的，因此此画恐怕是意图以面部怪异烘托武则天之残

忍。（见图8-1）

　　历史上还有几幅画像里人们推测有武则天，但是都缺乏过硬的证据。如被认为是唐代著名大画家张萱作品的《唐后行从图》。（见图8-2）张与武则天基本同时代，所以如果此画是他画的，是武则天的可能性就很大了，那么是不是呢？我们可以看到，单从体态来说，画里的这位女性的确非常符合史书的

· 图8-1《历代古人像赞》中的武则天

· 图8-2 旧传张萱《唐后行从图》原本

记载，所以就有现代学者据此下了定论，即这幅画像就是描绘武则天的。可是问题在于这幅画是不是唐代的还有疑问，有人根据其中出现的太湖石以及竹子的画法，宦官、宫女、甲士的服饰，认为可能是北宋以后的作品：或认为是北宋画院作品，或认为是南宋以后作品。这幅画作者也没有留下题记文字，所以很难断定。有关此画年代和作者，可参看朱绍良《〈唐后行从图〉考析》。

　　还有一些雕像也被认为有可能是武则天的真容，最著名的就是洛阳龙门石窟的卢舍那大佛。（见图 8-3）

　　大佛净高 17 米以上，是龙门石窟第一大佛，十分雄伟壮

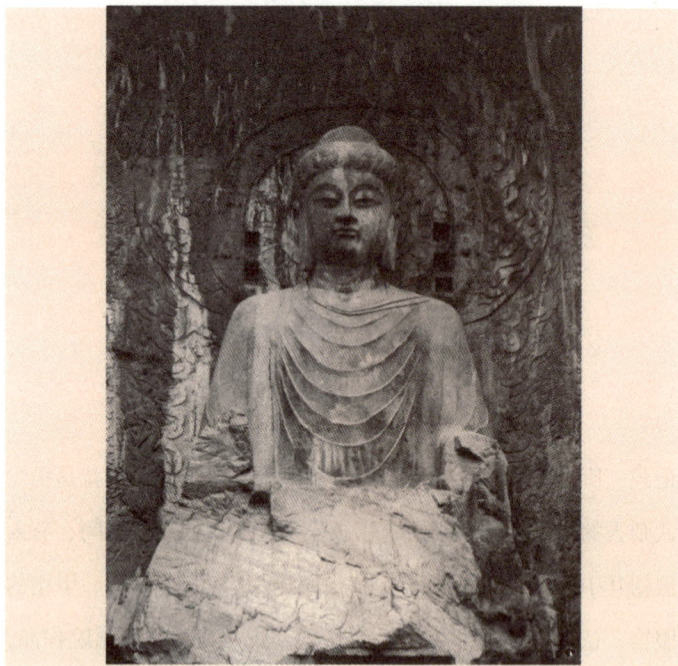

· 图 8-3　卢舍那大佛

观。有一种说法很盛行，就是这尊大佛的脸是按照武则天的相貌雕刻的，因为修建这尊大佛的是唐高宗皇帝，武则天当时把脂粉钱捐出来赞助过。按照古人的传统，谁捐钱谁就是所谓供养人，供养人会通过某些方式，比如壁画、雕像，把自己的形象留在佛祖身边。

这种说法最早出自 1981 年的《龙门石窟艺术》这本书，但没有可信的依据。诚然，这尊佛像是唐高宗发愿为太宗皇帝建造，但此时武则天还只是皇后，此时的她，经历了血腥的宫斗方才上位，正是展示自己循规蹈矩形象以安抚人心的时候，所以她敢不敢如此大胆，还真是个疑问，起码没有史料作直接的依据。有关大佛建造历史的记载，主要是龙门石窟石壁上的《河洛上都龙门山之阳大卢舍那像龛记》，指大佛是咸亨三年（672 年）唐高宗下令修建的，"皇后武氏助脂粉钱二万贯"，至于说佛像的面部形象依据了什么，没有提及。只是因为这尊大佛的形象很接近《旧唐书》里"方额广颐"的记载，所以人们就产生了很多美好的遐想。

另外，四川广元皇泽寺也是纪念武则天的地方。武则天小时候在广元生活过，相传那里也有武则天的塑像，表现的是武则天老年形象，这可能是有所依据的，但是原件已经有所损坏，目前所见是经过后世翻修的，所以也很难说能多大程度上

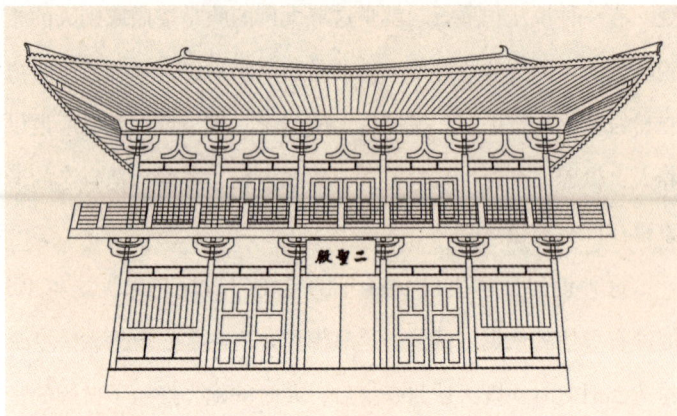

· 图 8-4　二圣殿，位于皇泽寺，中有武则天和唐高宗的双人塑像。
绘图据建筑照片

反映武则天的真貌。（见图 8-4）

　　另外，在今乌兹别克斯坦撒马尔罕有"大使厅壁画"，绘制了各国君主和使者的形象，其中似也有武则天的画像。撒马尔罕是粟特古国"康国"的都城，1965 年，考古队在撒马尔罕阿夫拉西阿卜（Afrasiab）23 号遗址内（编号 R 23／1）发掘出拂呼缦（Vargoman）国王的大使厅（Hall of Ambassadors）。大使厅为 11 米 ×11 米的正方形房间，四面皆有华美壁画，东壁较为残破，其余三壁保存状况尚可，其中北壁为《唐高宗猎豹图》（图 8-5）和《武则天泛龙舟图》（图 8-6）。658 年，唐朝

击败西突厥可汗阿史那贺鲁，控制粟特昭武九姓，设置"康居都督府"，康国拂呼缦被唐高宗立为都督。也正因为这个特殊关系，所以唐高宗和武则天的形象才被绘制在康国王宫之内。

　　既然此壁画绘制时间与武则天同时代，那么它是否反映了武则天真貌呢？从壁画细节来看，一方面粟特画师对唐朝服饰、文化有一定的了解，另一方面可能是通过中国使者的描述，对唐高宗和武则天的样貌也有个大概的了解。但是很明显，画师又有着自己的"发挥"，所以整幅画充满着"本土风格"，例如君主亲自与猛兽搏斗，这并不是中国古代绘画的主题，而是两河流域自古以来的绘画和雕塑主题，这种模板可能

· 图 8-6 武则天泛龙舟图，据撒马尔罕"大使厅壁画"绘

影响到了粟特人。另外，《武则天泛龙舟图》中的"龙舟"的龙头也不是中国式的龙头，而是希腊神话中鹰嘴狮身的格里芬的形象，水中还有其他各种生物，可见这个壁画是粟特画师浪漫想象下的"中西合璧"的产物（这一点非常符合粟特自古以来的文化特点），并不是武则天的面貌"写真"。

所以，关于武则天的真实形象，其实并没有确切的文字和绘画、雕塑作品来呈现。我们权且从那一鳞半爪的细节中，来遥想她的风姿吧。

养颜秘方

虽然我们还没有办法确定武则天的具体长相，但是她容貌俊美这点毫无疑问。另外，她还是一个美容、养生高手。关于这点，不少史书也有说明。

《新唐书》记载："太后虽春秋高，善自涂泽，虽左右不悟其衰。"武则天退位时已经年过八十，即便是这个阶段内，身边的人也不觉得她像个八十岁的人。武则天很善于保养，据说，她有专门的美容秘方。唐代医学家王焘写的《外台秘要》里记载过一则"《近效》则天大圣皇后炼益母草留颜方"，有兴趣的女读者不妨试一试。不过在我看来够麻烦的，主要材料是五月五日采的益母草，采的时候根上不能带土，晒干，用一个泥炉子烧成灰，用水搅和后进行发酵，捏成鸡蛋大小的团子，晒干，再用炉子烤，烤的时候还要注意别烤得发黄发硬，要烤出白色，然后用玉锤研碎，再筛，连续研三天，这才是成品，用它洗脸洗手，据说可以让皮肤白嫩。

原材料倒是不算难得，就是制作过程充满"贵族性"，足够麻烦。她的女儿太平公主受她的影响，也善于保养，据说公主自己也有一个美容方，唐代《韦氏月录》记载了其方法：七月七日取乌鸡血，和上三月三日采收的桃花末，用来涂脸，据说三日就有效，可让皮肤白皙。

武则天相貌与年龄的视觉误差，还导致过他儿子唐中宗的心理震荡。原来唐中宗已经习惯于自己母亲那副年轻的面孔，结果神龙政变发生后，武则天退位，唐中宗当了皇帝。唐中宗本来就是被迫参加政变的，并不想和母亲决裂。因此自从被立为太子，从南方被接回洛阳后，他并没有像当年第一次登基后任命岳父韦玄贞为宰来对抗母亲般性急，而是耐心等待母亲寿数享尽，自然继位。可是没想到张柬之等人却在武则天病重之际发动政变，中宗认为他们以此邀功，为他们自己博名声。所以唐中宗并不认可这次政变。

事变之后，武则天心情很差，再加上病痛折磨，所以也没心情保养化妆，一下子显得老态龙钟，这回完全呈现出八十多岁人的样子了。唐中宗去看望自己的母亲，一进门就大吃一惊——母亲如此苍老，和以前简直判若两人。唐中宗看见了大为伤心，他可能觉得正是自己的行为，使得母亲变成了这个样子，所以非常内疚。

要说这事儿，还对唐朝政局产生了不小的影响。唐中宗从此有很强的负疚感，后来武则天去世了，唐中宗亲自护送母亲的灵柩回长安，想把武则天葬入乾陵。但是大臣严善思反对，理由是卑不动尊。武则天去世前特地立遗嘱，去帝号，号"则天大圣皇后"。既然是皇后，那就不应该打开乾陵地宫，去惊动高宗皇帝。毕竟乾陵地宫墓道是用石头填塞的，石头之间用铁栓板和铁栓棍上下左右牵拉，空隙用锡铁灌注，要想打开需大费周章，势必会对高宗陵寝造成影响。但是中宗皇帝还是力排众议，将武则天葬入乾陵。

为了维护自己母亲的形象，唐中宗很反感大家称他为"中兴之主"。"中兴"本是朝廷内外许多人共同的期待，期待他成为带领大唐复国并且中兴的领袖，但是唐中宗自己不认可。刚刚即位时，天下很多寺庙、道观都改名"中兴寺"或者"中兴观"，表达对李唐复国的欣喜。可是后来唐中宗却下令，所有中兴寺或者中兴观一律改名"龙兴寺""龙兴观"，不许任何人说"中兴"，唐中宗这样做无非是表示不愿意与自己的母亲划清界限。所以他也很亲近武家子弟，这也就为后来一系列的宫廷政变埋下了伏笔。探究中宗这样做的心理动机，原因可能很复杂，但是起码可以肯定，武则天容貌的变化对他来说具有足够的心理冲击力。

武后的餐桌

　　武则天爱吃什么，平时吃什么，很可惜，这方面的史料实在是太稀缺了。民间倒是有一些传说，比如洛阳就有，洛阳是武则天最爱的城市，她当皇帝后大部分时间是在这里度过的。洛阳有个著名的水席，头道菜叫作燕菜，据说就和武则天有关系。有一年，洛阳郊外菜农种出一个重 30 多斤的大萝卜，菜农视其为"祥瑞"，进献给武则天。武则天便让御厨们把它做成菜。于是御厨们把萝卜切成花形，配上山珍海味烹制成一道汤菜。武则天吃了赞不绝口。因为那萝卜切得酷似燕窝丝，故武则天当即赐名为"假燕菜"。于是这道菜风靡开了，现在去洛阳吃水席，还有这道菜。

　　但这只是个传说而已，并没有唐代的文献记载过。只因洛阳人民对武则天很有感情，所以乐意把洛阳最有名的菜式和她挂上钩。

应该说那个时代，中国的烹调体系还没完全形成。比如唐代饮食还处于发展阶段，不成熟，很可能没有炒菜，或者说即便有也很罕见。但是即使这样，也不妨碍贵族饮食的奢靡。

不过武则天的饮食，却没有大家想象得那么奢侈，这跟她的宗教信仰有关。武则天是个虔诚的佛教信徒。中国的佛教徒从梁武帝时期开始就断绝酒肉了，虽然史学界目前对于梁武帝下达的《断酒肉文》所产生的实际效果表示怀疑——南北朝、隋唐不少僧尼也吃肉（例如怀素）——但佛教不杀生的观念是被普遍接受的，起码相当一部分信佛者吃素。武则天也出过家，当了皇帝后也终日礼佛，她很可能吃素，或者说在一定时期内吃素。

而且武则天还想在全国范围内禁屠。以往禁屠一般都是在有重大礼仪活动，比如祈雨时，但武则天试图将禁屠常态化。这个决策属于想当然，不仅造成畜牧产业的损失，也遭到民众甚至官员暗地里的抵制。

《御史台记》记载过一个故事，可以看得出底下人实际上都在暗地违反禁屠令。这是可以理解的，人本来就是杂食动物，吃肉的乐趣若给去了，那很多人是做不到的。故事主人公是大臣娄师德，当时他担任御史大夫，出差到陕州。吃饭时厨师端上一盘肉，娄师德责问说：皇上禁屠，肉从何而来？厨师回答：这是被豺咬死的羊。娄师德听了一笑：嗯，这豺懂事。于是甩开腮帮子大吃起来。一会儿厨师又端上一盘鲙。所谓鲙就是切成细丝的鱼肉，类似今天日本生鱼片的吃法。娄师德又问这鱼肉哪里来的。厨师回答：这是豺咬死的鱼。娄师德大笑一声：蠢货，你家豺能咬死鱼？你应该说是水獭咬死的。

《资治通鉴》还记载了一个故事：右拾遗张德，生了个儿子，摆宴席宴请同僚，私下杀了一头羊，结果同事中有个叫杜肃的悄悄藏了一块肉，回来就向武则天上表举报，说张德违反禁屠令。第二天，武则天见了张德，首先恭喜他生了一个儿子，张德拜谢，武则天紧跟着问：肉从何来？张德一听一身大汗，立即跪倒谢罪。武则天徐徐说：我的禁屠令，限制的是平常时候杀生，家有红白喜事的话不在限制范围内。我劝你一句，以后请客吃饭，你要好好选择一下宾客！然后就把杜肃告状的表给了张德。杜肃羞愧难当，退朝时满朝文武都想啐他一脸口水。

从这个事可以看到，武则天这人在大是大非面前从来不含糊，禁屠令无关宏旨，而揭露奸佞小人可以整肃官场风气，树立个人威望。所以说武则天是个做事极有分寸之人。

书法家与文学家

　　中国书法源远流长，而且很早就发展成了一门独立的艺术。魏晋南北朝是中国书法的最高峰，隋唐时期也涌现出了一大批优秀的书法家，这其中就包括武则天。中国人很早就把书法视为修身养性的手段，武则天保养得好，和其爱好书法也许多多少少有点关联。

　　唐代窦臮（jì）写过一篇回顾书法历史的文章叫作《述书赋》："今记前后所亲见者，并今朝自武德以来迄于乾元之始，翰墨之妙可入品流者，咸备书之。……唐四十七人：神尧皇帝、文武圣皇帝、则天武后……"窦臮是唐中期人，他回顾的是唐朝由建国到唐肃宗时期的前半段唐史，他认为这个阶段内能称得上书法精妙的一共四十七人，其中包括欧阳询、褚遂良、虞世南等，还包括神尧皇帝也就是唐高祖，文武圣皇帝也就是唐太宗，还有就是武则天。

这还真不是窦臮阿谀奉承，这几个皇帝包括武则天的确是书法家，武则天善于写飞白书，善于写行草，其他字体也写得不差。现存的《升仙太子碑》即为武则天亲笔书丹，原碑在河南偃师。（见图 8-7）

这个碑文是用行草书写的，据说是中国第一块以行草书写的碑文，这也反映出武则天突破常规、大胆尝试的做事风格，她的行草被历代书法家奉为精品。

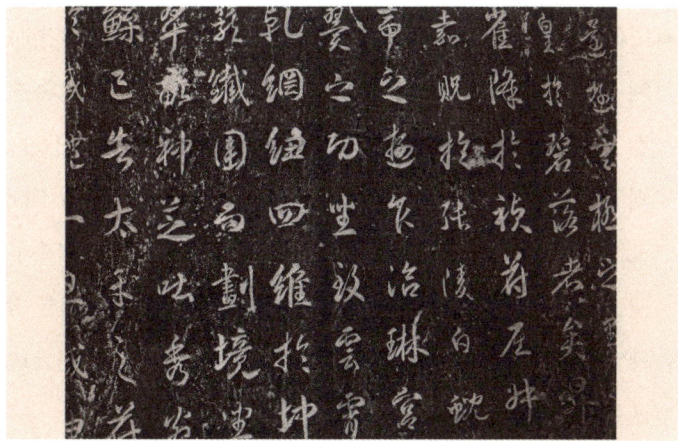

· 图 8-7《升仙太子碑》拓片，原碑位于河南洛阳偃师市府店镇缑山之巅

武则天当了皇帝之后，更有了精练书法的条件，因为唐代宫廷内书法精品藏品实在是太多了，这全要归功于唐太宗。太宗是个收藏家，尤其热爱魏晋时期的书法，比如"二王"的作品，所以他当了皇帝后，就以重金四处求购，还组织褚遂良等人做鉴定，因此唐朝宫廷内就搜罗了大量的书法精品，包括著名的《兰亭集序》。甚至可以说，"二王"虽然本就书法精湛、声名卓著，但被抬到书法界圣人的地位，李世民功不可没。

武则天即位以后，就有了很多的书法经典可作字帖，她自己也曾经搜集"二王"书法。《法书要录》记载说武则天手下有个大臣叫王方庆，是东晋著名宰相王导的第十世孙，家中有历代先祖的书法作品，这里面就包括了王羲之的，不过当时只剩一卷了。武则天要，王方庆敢不给吗？于是王方庆就将这一卷王羲之作品加上其他王氏先祖的一起献给武则天。不过，武则天也不是一个仗势欺人的人，这是你家的传家宝，我不会夺人之美。武则天下令调集书法高手，将这些书法作品临摹了一遍，然后把临摹品留在宫内，原件还给了王方庆，而且还用各种宝物织锦将这些书卷重新加以包裹。人们都称赞武则天这事做得有分寸，显得仁义。

唐代有个学者叫武平一，是武家子弟，小时候在宫廷里生活过，还见过宫廷内的书法藏品，所以他说的很多宫内的事情应该有较高的可信度。他在《徐氏法书记》一文里描述过宫内各种书法藏品，其中有这样一句话："泊大圣天后御极也，尤为宝啬。"就是说武则天登基后，对宫里这些藏品特加爱护，这种爱护甚至已经到了抠门的地步。

唐代《法书要录》里便有武则天抠门的记载。有一次，武则天当着群臣的面品评朝中大臣们的书法，到狄仁杰时，夸赞狄仁杰"能书"，也就是说字写得好。这对狄仁杰来说，当然是莫大的荣誉。狄仁杰很谦虚，说：臣凭着天性而写，算不上能书。关键是我自幼没见过古人书法精品，所以写字全靠感觉。武则天一听，下令从大内的库房里拿出"二王"真迹二十卷，然后派一个五品的宦官带着给诸位大臣看，大家欣赏完，心里想着：能不能留给我们临摹一下啊？没想到那宦官打量：你们都看完了是吧？人家把那些书法一卷，走人了，拿回去了。哦，敢情就是给我们扫一眼啊。为啥武则天这么小气啊？因为她爱惜这些文物精品。

说到这里，有个重大问题需要辩白一下，那就是王羲之《兰亭集序》的下落。《兰亭集序》是王羲之书法的代表作，也是中国书法史上最有名的作品之一。但是它现在已经失传了，现存的版本都是后人临摹的，那么原件哪里去了？（见图8-8）

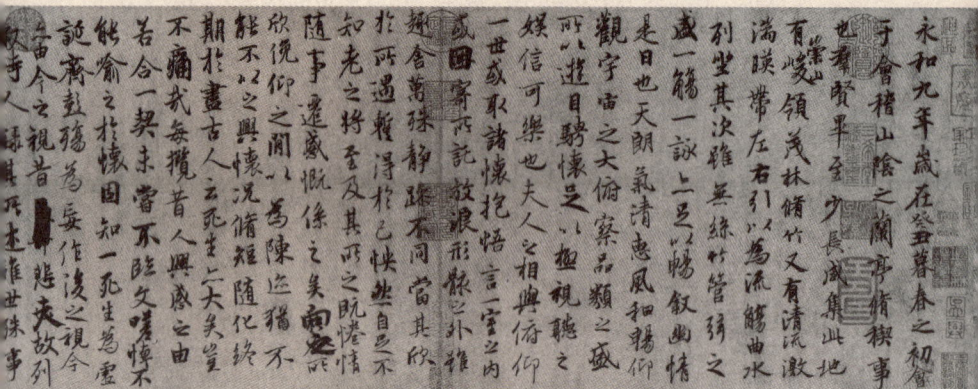

·图 8-8 唐·冯承素摹兰亭序全卷（神龙本）局部

　　现在最盛行的有两种说法，第一种说法，被唐太宗带入昭陵。

　　这个说法有大量的唐代文献作支撑，比如《法书要录》、《独异志》、唐何延之《兰亭记》、唐韦述《叙书录》等。他们都记述过这件事情，各自的版本还都不大一样，综合起来是这样的：唐太宗生前最爱王羲之书法，尤其钟爱《兰亭集序》，所以在去世前和太子李治说："你要是孝顺的话，就把《兰亭集序》给我陪葬吧。"唐高宗听从了父亲的嘱托，将《兰亭集序》放进了昭陵地宫中。

　　第二种说法，被武则天带入了乾陵。

这种说法最近这些年颇流行，尤其在网上。支持这个观点的人指出，唐太宗昭陵在五代时期被军阀温韬盗掘了，出土珍宝无数，可是没有提到《兰亭集序》，可见《兰亭集序》没有进入昭陵。那么是谁违背了太宗的遗嘱呢？他们认为是唐高宗。许是因为唐高宗也喜欢《兰亭集序》，所以违背了父亲的遗嘱，悄悄藏起来了，后来被武则天带入乾陵了。

这个说法显然也有问题，为什么这么说呢？

第一，没有现存任何史料能支持这个说法。

第二，逻辑上有问题，不在昭陵就必须在乾陵吗？唐代就这两个陵或者说就这两三代皇帝吗？

第三，说温韬盗墓没看到《兰亭集序》是对史料的误解。我们看看《新五代史》是如何记述这件事的："床上石函中为铁匣，悉藏前世图书。钟、王笔迹，纸墨如新，韬悉取之，遂传人间。"就是说昭陵地宫棺床上的确有铁盒子，里面有书法作品，其中包括钟繇和王羲之的，而且看起来保存得还不错。的确，这里没有直接提到《兰亭集序》，但是谁能保证所谓"钟、王笔迹"里不包含《兰亭集序》呢？史书作者在这里无非是因为温韬当时盗掘所得的书法作品较多，无法一一列举，所以一言以蔽之——钟、王笔迹。

那么《兰亭集序》既然出土了，又去了哪里？为啥至今不见踪影呢？我想有两个可能。第一个可能，被温韬毁坏了。温韬是劫匪出身，赳赳武夫，他可不懂得欣赏什么书法，他挖掘唐陵目的很简单——奔着金银玉器去的，这些书法不入他的眼。宋代的《爱日斋丛抄》记载说："温韬发昭陵所藏书画，亦剔取装轴金玉而弃之。"就是说他把书画轴都拿走了，因为那些轴往往装饰金玉，书画本身被他当垃圾毁掉了。第二个可能，落入温韬外甥郑玄素手里了。《旧五代史》记载说郑玄素是温韬外甥，温韬死后，他在唐陵里盗掘的书画就归了郑玄素，后续则无史料记载。郑玄素后来当了隐士，《兰亭集序》是不是跟着他进入了深山，然后消失了呢？已经无从知晓。

总之，没有史料能证明武则天把《兰亭集序》带入乾陵。

武则天同时爱好文学，而且她的这一私人爱好深刻影响了历史发展。因为她将文学与科举制度结合了起来。

因为自身经历的原因，武则天一直很重视科举。唐朝前期还有贵族政治的残余，朝廷内有关陇集团，朝廷外有山东旧贵族势力，武家是小姓，被贵族们瞧不起，而武则天全靠自己的力量逐渐走上高位，在这个过程中没少和贵族集团对抗。所以武则天即位后特别注意扶持中低品级的官员，提拔庶族人士，用来取代旧有的士族阶层。她对中国科举发展做出的巨大贡献，体现在对科举的三项改革上：

第一，巩固殿试。

武则天之前的科举，主要由官员负责组织考试，考生和皇帝不直接见面。但是从唐高宗时期开始，开创了一种新制度——殿试。皇帝在大殿上亲自主持考试，当主考官。既然有官员负责考试，皇帝亲自来主持一下有什么意义呢？因为在中国人的伦理观念里，除了父子、母子关系之外，最亲密的关系也就是师生关系了，所谓"一日为师，终身为父"，师生关系是非常牢靠持久的关系，史学界称为"拟血亲关系"，皇帝自然也重视。一旦皇帝主持殿试了，那就意味着今年参加考试的都算作"天子门生"了，这样，除了冷冰冰的君臣关系之外，考生与皇帝之间还能建立起一种温情脉脉的师生关系，距离一下就被拉近了。因此，殿试大大有利于笼络天下读书人的心。

《旧唐书》记载高宗在显庆四年（659 年）春季亲自主持考试，这算是中国殿试之开端。但是唐高宗主持这次考试是临时的举措，没形成制度。自武则天始，殿试通常持续数日，并且规模大增，武则天将殿试制度化了，从此殿试就成了惯例，所以《册府元龟》和《资治通鉴》都说殿试是武则天创造的。从此以后，历朝历代皇帝都举行殿试，进士们也自豪地说自己是"天子门生"。

第二，开设武举。

武举创办人就是武则天。作为农业民族，中原人的尚武精神是有周期性变化的，一旦遇到外敌入侵或者长时间战乱，就会产生一批骁勇善战者。尤其是农业民族历来在技术和组织能力方面有专长，所以会出现武力强盛的一代。但这种尚武精神无法长久持续，一旦到了和平时期，人们的斗志便会消磨，战争年代积攒的经验也会流失。武则天时期，国家承平日久，老百姓习惯过太平日子了，很少有人懂得打仗，再加上府兵制也在逐渐瓦解，所以平民很少接触军事训练，国家兵源质量堪忧。几次边境战争也体现出军队战斗力开始下降，这不是个好兆头。

此外，有件事大大刺激了武则天。她曾经组织射箭比赛，并为此设立了奖金，但最终前几名都是番将。唐朝历史上有很多番将，他们是军事力量重要的组成部分。这次射箭比赛总冠军泉献诚就是个高丽人，高丽民族自古以来善射，泉献诚也不例外。

拿了冠军，泉献诚并不高兴。他对武则天说：请陛下以后停止举办这种比赛，因为拿名次的都是番将，外敌听说了，一定认为中原尚武精神已经败落，就会产生轻视中华之心，所以以后还是停止比赛为宜。

武则天恐怕多多少少都是有些尴尬的，射箭比赛就此停办了。但这属于鸵鸟政策，虽然眼不见为净，可是尚武精神败落是客观存在的事实。尤其是几次边境战争，体现出军队素质比唐初有明显的下滑，因此武则天必须采取措施。

武举就是在这种背景下开始举办的。根据《通典》的记载，武举是长安二年（702年）开始举办的，考试程序和科举一样，考试内容则涉及射箭、骑术、负重、枪术等，还要看身材和口才。举办武举考试的目的则是鼓励年轻人，去练武，去参军。以前靠读书才能当官，现在武艺好也能当军官，武则天就是用这样的方式去培养尚武风气的。

应该说武举考试的举办是相当成功的，后世历朝历代也因此将其延续了下来。事实证明，武举真的是能培养出杰出人才的。比如平定安史之乱的一号功臣郭子仪，就是年轻时靠武举选拔上来的。他的身高在一米八〇以上（这在当时算得上是巨人），一身好武艺，因此很符合武举要求。就一个郭子仪，事实上就足以证明武举的价值。

第三，加试杂文。

唐代是中国文学史上的巅峰时期，所谓"唐诗宋词"就是夸赞唐、宋两个朝代文学的兴盛。而唐、宋两朝文学的兴盛其实都和武则天密切相关，因为武则天进行了科举改革，大大促进了知识分子们文学写作的积极性，改变了整个社会风气，唐代乃至后世的文学发展要给武则天记一功。

武则天怎么做到这一点的呢？就是靠科举改革，她主政期间规定进士加试杂文，而不再仅仅是经学。这样的举措，促使青年学子们开始在写诗作文方面倾注心血。如此一来，就带动了整个社会风气的转变。唐代《通典》里有这样一段话，可以看出武则天此举带来的巨大影响：

> 太后颇涉文史，好雕虫之艺。永隆中，始以文章选士。……父教其子，兄教其弟，无所易业。大者登台阁，小者仕郡县，资身奉家，各得其足，五尺童子，耻不言文墨焉。是以进士为士林华选。

也就是说，从武则天时代开始，天下读书人都希冀以文采通过考试，获得荣华富贵，就连五尺童子，也耻于不通文墨，从此以后科举尤其是进士科获得了极大的发展。进士们的大名和他们的文章，往往在十几天内就传遍全国，天下人因此都仰慕他们。可以说一旦考上进士，一切都有了：雁塔题名，曲江宴饮，风光无限，光宗耀祖。甚至到了唐朝后期，唐宣宗皇帝都开始羡慕进士，在大殿柱子上书写"乡贡进士李某"。

到了宋代，科举制已经占据绝对主流，进士成绩优异者可以不经铨选直接授官，宰相中九成是进士出身。官僚政治完全取代了贵族政治，科举功不可没。在社会上进士们也非常受欢迎，堪称"钻石王老五"，每年发榜的时候，里面一圈人，是考生们，翘首以盼等着发榜，外面还有一圈人，是各府的家丁们，膀大腰圆的，干吗呢？等着抓人呢。一揭榜，一旦某个考生高兴地说"哎呀我中了"，立马扑上去，往轿子上一抬，抬回府里。干吗？给我家小姐当女婿。什么出身、籍贯，一概不问，只要是进士就可以。此事还闹出过笑话，有一次发榜，一大户人家抓住一个新科进士，人长得也帅气。好，多好啊！进入府中，主人赶紧出来行礼，说：我家有小女，年龄和您正匹配，想嫁给您，不知尊意如何？年轻人从容淡定：谢谢您的美意，没问题，就有一样，等我回去问问我妻子。有妇之夫你们给抬来干吗？急啊，都来不及问。宋朝人甚至还给了这种行为一个称号，叫"榜下捉婿"，多贴切啊，"捉"这字儿多形象啊。

科举能如此发展，武则天委实功不可没。那些唐代大文豪，绝大多数都是武则天以后的人，李白、杜甫、贺知章、韩愈、白居易、杜牧。武则天以前呢？最多说出个"初唐四杰"来，这跟武则天对文学的重视密切相关。所以，唐（诗）宋（词），这个中国文学史上辉煌年代的形成，也有武则天的重要功劳。

造字狂人

武则天掌权后造了很多新字，都是些常用字，比如天、地、日、月、星、人、生等，有人说她造了 17 个字，有人说 19 个，还有人说是 20 个。而且她还给自己特地造了一个字——曌，意思是日月当空照，非常大气。这是她登基之前给自己起的名字，取代武媚娘之名。武媚娘算怎么回事？这"曌"字多霸气。

她为什么创造这么多新字呢？一言以蔽之——除旧布新。武则天希望自己的新王朝在各个方面都要与旧王朝有区别，要有新气象，那么文字大家每天都在用，造些新字，毫无疑问是时时刻刻提醒大家——这是个新时代了。

她造的这些字很有意思，比如这个"恖"：

这是大臣的臣，你看这字造的，体现出武则天对臣下的要求：天子之下，你们要忠心，一忠心，即为臣。

坔：这是大地的地，山水土，那大地可不是山、水、土组成的，多么形象啊。

还有这个"国"字：圀。

很有意思，四面八方就是国。武则天即位之初，有人建议造个新字取代原来的"国"字，既然是武氏的天下，那就在方框里放上一个"武"字，武则天采纳了。结果新字才用了一个多月就有人觉得不对劲了，怎么呢？方框里一个武，那不就是把姓武的囚禁起来了吗？多不吉利啊。武则天一听，赶紧改。改成什么呢？方框里放上"八、方"两个字。什么意思呢？取"溥天之下，莫非王土；率土之滨，莫非王臣"的意思。

那为啥这些新字除了那个"曌"字其他的现在都不见了？因为她的这些新字政治意味太浓，所以当她被政变推翻之后，这些字就停用了。实际上我们在唐后期的一些碑刻里还会发现有使用的，但是已经很罕见了。只有那个"曌"字，因为是武则天的名字，所以现在还有用，电脑字库里也有这个字。

（见图 8-9）

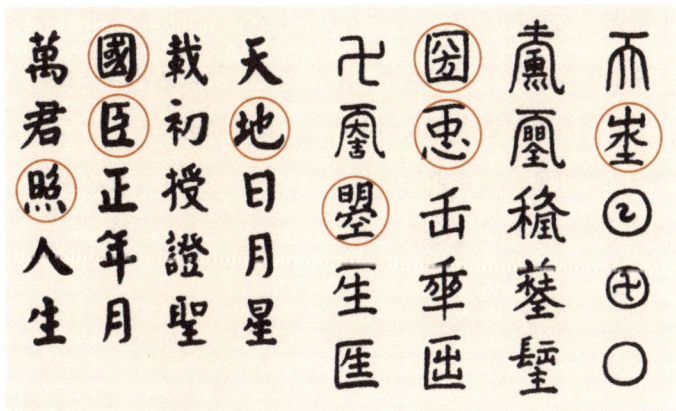

· 图 8-9 武则天造的字（右）与常用字（左）对比

　　这里还有个问题需要辨明一下。有一种盛行的说法，说现在咱们在银行财务工作中经常使用的大写数字也是来自武则天，是武则天创造的，为什么呢？因为大写数字笔画多，可以防止有人在数字上增添笔画做手脚。明末清初著名思想家顾炎武在其所著的《金石文字记·岱岳观造像记》里就说："凡数字作壹、贰、叁、肆、捌、玖等，皆武后所改。"他的这个说法很流行，因为顾炎武学问很大，大家都把他的话当权威。

　　虽然我个人对武则天是有好感的，但是事实归事实，这个说法可能是不正确的。顾炎武是根据他当时能看到的碑刻和

239

书籍做出这种判断的，实际上现代学者在新疆吐鲁番出土的大批文书中都发现了大写数字，这些文书的年代从北凉一直到唐高宗时期，换句话说在武则天之前几百年就已经有了大写数字了。由此可见，顾炎武的论断是错误的，他那个年代还没有这些出土文书，所以也怪不得他。

第九章

翰林学士白居易的一天

"学而优则仕"，在政治上干一番事业是许多唐代诗人们的人生理想。著名诗人白居易以《长恨歌》《琵琶行》等诗作名传千古，他被贬江州尽人皆知，但却很少有人知道此前他在中央曾担任过翰林学士这一重要职位，在当时，翰林学士是很多文士梦寐以求的职位。那么我们会好奇翰林学士的一天是如何度过的呢，现在，我们根据史料虚拟翰林学士白居易的一天。让我们跟随他的足迹，走入大明宫，探索唐代文士的生活、工作情况。

　　白居易早年间出仕后最苦恼的事情是无力在长安买房，这一点早在他进京赶考的时候就有人告知过他。唐张固《幽闲鼓吹》："白尚书应举，初至京，以诗谒顾著作，顾睹姓名，熟视白公曰：'米价方贵，居亦弗易。'"唐代文人科举前都要"行卷"，即送自己的文集给达官贵人们，以求闻达，有利于考试（唐代科举阅卷不糊名）。在拜谒著作郎顾况的时候，顾况以白居易的名字开玩笑，称长安并不易居，果如其言。最初白居易在长安连一间房也买不起。这个情况持续了不短的时间。在诗文中，他曾以落魄者的口吻，流露出在长安买房安身的巨大希望。只要能够买房，他可以不问地段，也不问环境："游宦京都二十春，贫中无处可安贫。长羡蜗牛犹有舍，不如硕鼠解藏身。且求容立锥头地，免似漂流木偶人。但道吾庐心便足，敢辞湫隘与嚣尘？"（《白居易集笺校》卷十九《卜居》）因此在早期，白居易只能与元稹、周谅等人合租在比较僻静的永崇坊华阳观，当了一个租房族。

元和三年（808年）一月的某一天，天还未亮，白居易就从温暖的被窝中起来，打理收拾一番，准备去上班。去年，也就是元和二年（807年）的十一月，白居易成为翰林学士，不久，在家里的安排下娶了杨汝士的妹妹，成亲后租了位于新昌坊的房屋，和现在的单身青年结婚后搬出集体宿舍独自租房是一样的。

新昌坊位于唐长安城外郭城的最东边一列坊的中间，从坊的南门向东走可以直达长安城东门之一的延兴门。白居易骑马从新昌坊家中出发——唐代除了个别高官坐车，大多数官员上下班骑马。有些俸禄微薄的官员租不起宫城附近的房子，上下班路上花费的时间就会比较多，就必须要早起，以保证不迟到。白居易诗中就反映了这种现象，《初授赞善大夫早朝，寄李二十助教》："远坊早起常侵鼓，瘦马行迟苦费鞭。"住的地方离官署很远，只能早起。常常还能听见夜晚的更鼓，而马又太瘦，任你鞭打也行路迟缓。

《早朝贺雪寄陈山人》也写道："上堤马蹄滑，中路蜡烛死。十里向北行，寒风吹破耳。待漏五门外，候对三殿里。须鬓冻生冰，衣裳冷如水。忽思仙游谷，暗谢陈居士。暖覆褐裘眠，日高应未起。"时值寒冬，白居易在漫天飞雪中骑着马，打着灯笼艰难前行，时刻需小心马蹄打滑，中途因为风雪太大灯笼里的蜡烛熄灭。而这些都还不是最大的困难，扑面而来的凛冽寒风才是对身心的巨大考验。雪打湿了衣衫，落在须发上冻成冰。此刻的白居易无比羡慕蛰屋仙游谷的陈居士，可以在暖和的被窝里，睡到日上三竿也不用起。

白居易终于到达大明宫外，通过大明宫西南隅的兴安门，沿着大明宫西宫墙与西内苑东墙之间的道路向北走。从右银台门进入大明宫时，可以看到在主管内侍的指挥下，无数车马载着来自全国各地的贡物，通过此门送入位于西夹城内的右藏库，以供皇帝和后妃们的日常生活所需。右银台门位于大明宫西城墙中部，是大明宫西宫门之一。右银台门是大明宫比较繁忙的一个宫门，翰林院和右藏库都在此门附近，翰林学士上下班都是走此门，给皇帝进献物品也走此门，因此翰林学士会经常目睹给皇帝进献物品的队伍。唐宪宗时期就有翰林学士上书谏止，无奈之下，宪宗只能偷偷吩咐底下人以后进献物品不要走右银台门，以避开翰林学士。因此，时为翰林学士的白居易完全有可能目睹此种情况。

通过右银台门，向北走，不久就到了翰林院，这就是白居易办公的地方。（见图 9-1）翰林院在唐前期是主要负责皇帝娱乐休闲的机构，里面的人员很杂，均有一技之长，除了文辞之士，还有擅长琴、棋、书、画、僧道、工艺的人，随时准备被皇帝召见。尤其是唐玄宗还喜好斗鸡，翰林院中就设有"斗鸡供奉"。白居易的偶像李白在当翰林供奉期间，就是与这样一群三教九流的人在一处办公，同时，他也看不起靠着微末技艺跻身于翰林院中的同事。

唐肃宗时，因为要平定安史之乱，军国大事往往需要皇帝决策并保密，皇帝需要有心腹为他的决策提供参考，并草拟诏书，秘密发出。于是与皇帝接触密切的翰林学士地位提高，文士以能成为翰林学士为荣，翰林学士草拟的内制的重要性逐渐

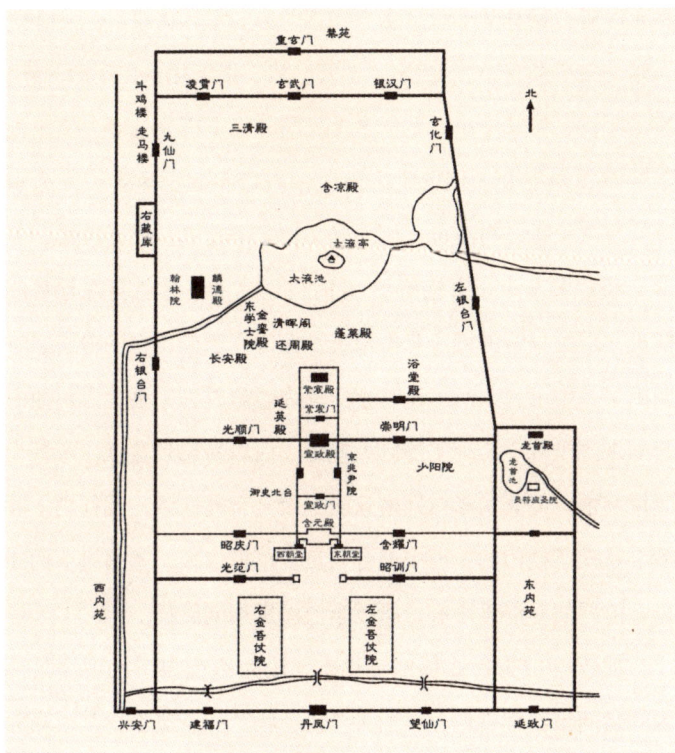

· 图 9-1　大明宫示意图，据史念海主编《西安历史地图集》绘

超越中书舍人草拟的外制。与之相应，翰林学士在人员设置上也更为规范，像中书舍人那样置六人，在其中选择德高望重的一人为翰林学士承旨，与皇帝密切交流，承接皇帝的旨意。德宗文学素养不错，因此该时期翰林学士的选拔更加严格。德宗

贞元以后，翰林学士承旨多为宰相，参与军国大事。《旧唐书》卷四十三《职官志二》载："至德已后，天下用兵，军国多务，深谋密诏，皆从中出。尤择名士，翰林学士得充选者，文士为荣。亦如中书舍人例置学士六人，内择年深德重者一人为承旨，所以独承密命故也。德宗好文，尤难其选。贞元已后，为学士承旨者，多至宰相焉。"此时白居易的工作就是在翰林院值班，根据皇帝的旨意草拟诏书，而这在李白所在的唐玄宗时期更多是中书舍人的工作。李白的理想是成为中书舍人，他的苦闷来源于理想与现实的巨大差距，白居易想到这点，不禁为偶像惋惜。但其实李白性格豪放不羁，又爱饮酒，几杯酒下肚嘴上就没了把门的，而中书舍人负责草拟诏敕，是很机要的岗位，需要的是严谨小心，所以李白注定不能胜任。

　　关于李白为什么郁郁不得志，民间流传很广的说法是他因"借问汉宫谁得似，可怜飞燕倚新妆"一诗遭恨。其时高力士借题发挥，说此诗是在诅咒杨贵妃。杨贵妃怀恨在心，撺掇唐玄宗把李白赶出长安。但其实此事纯属虚构。第一，时间不对，《松窗杂录》记载此事发生在开元年间，而李白当上翰林待诏是天宝初年的事情，在此之前他都没有常住长安，开元年间的唐玄宗当然不可能找他写诗。第二，和李白同时代或者稍晚的人并没提过李白撰写过这三章《清平调》，这个说法一直到晚唐才出现。第三，历史上李白的确遭过陷害，但施害人不是杨贵妃，也不是高力士，而是张垍。张垍是驸马都尉，娶了唐玄宗女儿宁亲公主，深得玄宗恩宠。开元二十六年（738年），张垍以太常少卿身份入翰林院为学士，与李白成为同事，但是他与李白多有不睦。按照李白的说法，进谗言贬低他的人就是此人。当然，主要原因还在李白自己身上，他豪放不羁，又爱酒，并不是谨言慎行的人。有史料说："玄宗甚爱其才，或虑乘醉出入省中，不能不言温室树，恐掇后患，惜而遂之。"（《唐左拾遗翰林学士李公新墓碑并序》）"温室树"典出《汉书》，说的是汉代有个叫孔光的大臣掌机要，嘴很严，家人打听温室殿旁种何树，该人竟然不答。这一点李白能做到吗？显然不行。所以舍弃他是唐玄宗不得已的选择。当官和当诗人毕竟不是一回事，需要的是严谨小心，这方面李白肯定不合格。

在翰林院处理完文书后，白居易刚想起来活动活动筋骨，就见传旨的内侍走来，说皇帝召白居易去麟德殿。白居易随着内侍出发，向东走不远就到了麟德殿。麟德殿建于高宗麟德年间，故得名，又由于其前、中、后三殿毗连的结构，又称"三殿"，是举办大型宴会的场所。（见图 9-2）白居易心想：最近并没有听闻有外国使节、地方节度使来朝，也不是什么节日，

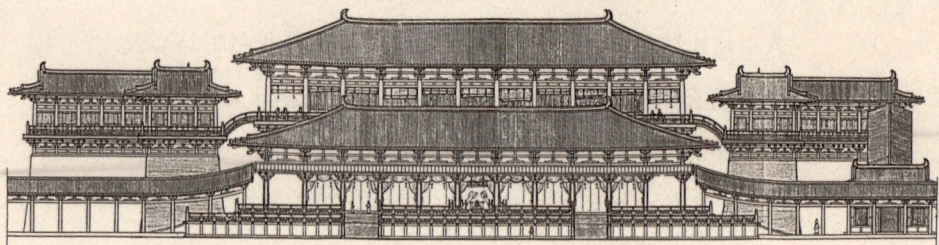

· 图 9-2 唐代大明宫麟德殿复原南立面图局部，据杨鸿勋《建筑考古学论文集》绘

皇帝为何会突然召我去麟德殿呢？其实唐后期的麟德殿功能比前期更多，除了在此举办大型宴会，还有召见大臣、试演歌舞等。皇帝召白居易来，是想让他一同观看新排练的歌舞。翰林学士是皇帝近臣，皇帝体恤翰林学士工作辛苦，故特意叫他来麟德殿休息放松片刻，顺便让他帮忙鉴赏，提出意见以供改进。对于皇帝的恩宠，白居易感到受宠若惊，感激皇帝体恤臣下，同时侍奉更加恭谨小心。（白居易确实曾经参加过皇帝的内宴，他在《醉后走笔酬刘五主簿长句之赠兼简张大贾二十四先辈昆季》一诗中云："身贱每惊随内宴，才微常愧草天书。"描述了在任翰林学士期间受宠若惊，谦虚谨慎的态度。）毕竟这是一个直接服务皇帝的职位，是荣光，也是压力。

君臣在一片和乐的气氛中欣赏着乐舞，突然有紧急国事传来，需要皇帝决策，于是皇帝中止乐舞前往金銮殿。金銮殿在麟德殿东边不远处，本是皇帝寝宫，唐后期也逐渐变成了一处重要的政治决策中心，翰林学士也常在此处值班，李绅、元稹、白居易的诗作中都有提到在金銮殿值班的经历。李绅《悲善才》："此时奉诏侍金銮，别殿承恩许召弹。"元稹《书乐天纸》："金銮殿里书残纸，乞与荆州元判司。"白居易《贺雨》："小臣诚愚陋，职忝金銮宫。"

皇帝与几位重臣在秘密商议要事时，白居易在外间等候，突然想起了李白在金銮殿留下的故事。传说李白就是在金銮殿受到玄宗召见，并获得玄宗的欣赏，待诏翰林。传说，某年冬天，天气很冷，李白在金銮殿里为玄宗草诏，但是笔冻住了没法写字，玄宗便让十几个宫女围着李白，呵气为笔解冻，李白这才得以书写。这个传说倒是与此时的气候相应。

当然，最出名的故事是李白让玄宗时期著名的宦官高力士为自己脱靴。白居易明白这个传说大概率是虚构的，因为高力士在玄宗朝位高权重，深受玄宗信任，连皇子、公主都要给他几分面子，李白一个翰林供奉，说白了就是娱乐皇帝的，又有什么资格让高力士服侍脱靴？这大概是民间为了体现李白的洒脱不羁、不畏权威而编出来的。可是白居易不会想到，这个传言越传越广，竟然还编出了后续。唐末的《松窗杂录》记载的是高力士因脱靴事件对李白怀恨在心，于是借着《清平调》中的内容挑唆杨贵妃怀恨李白，最终在杨贵妃的百般阻挠下，李白从此被弃用。这应是后人替李白郁郁不得志而不平，从而编造出了一套李白不受重用的原因，竟然还逻辑自洽，这一传言甚至直到今天还在盛行。

皇帝商议完国事后，离开金銮殿。白居易根据皇帝的决策起草诏敕，然后发给相应部门。而后，白居易在金銮殿值班，直到天黑才下班。白居易本身是文士，之前又做过秘书省的校书郎，因此十分喜爱读书，于是出了金銮殿之后，又向东边蓬莱殿的方向走去。蓬莱殿西侧有一延喜阁，这个延喜阁与李泌有关。

关于李泌，我们要稍微展开说一下。李泌自幼聪颖，有"神童"的美誉，张说和张九龄都非常赏识他。他精通道教典籍，玄宗曾召其入朝讲授《老子》，并令其待诏翰林，后因写诗讥讽杨国忠，遭到杨国忠的记恨，被远放他处。安史之乱后，唐玄宗西逃四川，太子李亨在甘肃灵武即位，是为唐肃宗。肃宗即位后，非常看重李泌，对其只称"先生"，而不直呼其名，甚至外出的时候，还和李泌一起坐车。肃宗还要封他做官，但李泌坚决推辞，只愿意以客位为肃宗出谋划策。因李泌常伴肃宗身边，且常着一身白衣，久而久之大家看到皇帝身边的白衣人，就知道他是李泌，并呼其为白衣山人。

等到两京收复之后，唐肃宗重用李辅国，李泌一看政局不对，怕有祸害，便请求隐退衡山修道。唐代宗即位后，感念李泌当年的保全之功，立即召李泌入宫，并专门为他在蓬莱殿侧修置延喜阁，供其居住，后来又赐他府邸。代宗驾崩之后，德宗即位，对李泌依然很敬重，曾一度任他为宰相，封其为"邺侯"。正由于此，李泌受到大臣的妒忌，多次被外放出去做官，虽然遭此际遇，但他在地方上依然兢兢业业，取得了很好的政绩。

既是李泌在大明宫中的临时住所，又是宫内的藏书之所，白居易心想，这里应该会收藏着一些市面上看不到的珍本古籍吧。推开此门，我们来看看唐代书房什么样。韩愈《送诸葛觉往随州读书》描述过邺侯家藏书的情况："邺侯家多书，插架三万轴。一一悬牙签，新若手未触。"唐代书籍多为卷轴，横躺书架上，层层叠压，为了便于取阅，书轴顶端悬挂有牙签（象牙或骨头制成），上面写有书名卷帙。官方文馆里书籍众多，分为甲、乙、丙、丁四部，然后用红、绿、碧、白四色牙签标注，《唐六典》载："书有四部：一曰甲，为经；二曰乙，为史；三曰丙，为子；四曰丁，为集。故分为四库……四库之书，两京各二本，共二万五千九百六十一卷，皆以益州麻纸写。其经库书钿白牙轴、黄带、红牙签，史库书钿青牙轴、缥带、绿牙签，子库书雕紫檀轴、紫带、碧牙签，集库书绿牙轴、朱带、白牙签，以为分别。"这应该就是白居易看到的情景。

在延喜阁中看了一会书，白居易看天色不早，只好恋恋不舍地放下，走出延喜阁，向西从右银台门出去，再向南，通过兴安门离开大明宫，然后骑马回家。

白居易是唐代公务员的代表，从中我们可以窥见唐代公务员的生活。他们也是按时上下班，有工作地点，有负责的具体事项。能力强的像白居易，还有机会成为皇帝近臣，得以近距离接触皇帝，在皇帝寝宫附近办公。

白居易的一天至此便结束了，忙碌而又充实。

- 全书完 -

唐朝人的日常生活

作者 _ 于赓哲

产品经理 _ 施萍　　装帧设计 _ 林林　　产品总监 _ 贺彦军　　技术编辑 _ 白咏明
责任印制 _ 梁拥军　　出品人 _ 吴畏

营销团队 _ 石敏

果麦
www.guomai.cn

以 微 小 的 力 量 推 动 文 明

图书在版编目（ＣＩＰ）数据

唐朝人的日常生活／于赓哲著. -- 上海：上海文
化出版社, 2022.1（2024.10重印）
ISBN 978-7-5535-2433-7

Ⅰ.①唐… Ⅱ.①于… Ⅲ.①社会生活—中国—唐代
Ⅳ.①D691.9

中国版本图书馆CIP数据核字(2021)第235919号

出 版 人：姜逸青
责任编辑：郑　梅
特约编辑：施　萍
装帧设计：林　林

书　　名：唐朝人的日常生活
作　　者：于赓哲
出　　版：上海世纪出版集团　上海文化出版社
地　　址：上海市闵行区号景路159弄Ａ座2楼　201101
发　　行：果麦文化传媒股份有限公司
印　　刷：河北鹏润印刷有限公司
开　　本：880mm×1230mm　1/32
印　　张：8.25
插　　页：4
字　　数：142千字
印　　次：2022年1月第1版　2024年10月第8次印刷
印　　数：42,601—47,600
书　　号：ISBN　978-7-5535-2433-7/K・266
定　　价：49.80元

如发现印装质量问题，影响阅读，请联系 021—64386496 调换。